步步向前

7步提高职业竞争力

李梅(May)　沐兰(Tina)　著

图书在版编目（CIP）数据

步步向前：7 步提高职业竞争力 / 李梅，沐兰著 . —北京：北京大学出版社，2015.12
ISBN 978-7-301-26344-0

Ⅰ. ①步… Ⅱ. ①李… ②沐… Ⅲ. ①职业选择 – 通俗读物 Ⅳ. ① C913.2–49

中国版本图书馆 CIP 数据核字（2015）第 237002 号

书　　名	步步向前：7 步提高职业竞争力
	Bubu Xiangqian：7 Bu Tigao Zhiye Jingzhengli
著作责任者	李　梅　沐　兰　著
责任编辑	宋智广　刘照地
标准书号	ISBN 978-7-301-26344-0
出版发行	北京大学出版社
地　　址	北京市海淀区成府路 205 号　100871
网　　址	http://www.pup.cn　新浪微博：@北京大学出版社
电子信箱	ed@bgsjbook.com
电　　话	邮购部 62752015　发行部 62750672　编辑部 82207051
印刷者	北京玥实印刷有限公司
经销者	新华书店
	787 毫米 ×1092 毫米　16 开本　15.25 印张　彩插 4　214 千字
	2015 年 12 月第 1 版　2015 年 12 月第 1 次印刷
定　　价	45.00 元

未经许可，不得以任何方式复制或抄袭本书之部分或全部内容。
版权所有，侵权必究
举报电话：010-62752024　电子信箱：443402818@qq.com
图书如有印装质量问题，请与出版部联系，电话：010-62756370

读者评论

May（李梅）具有温和的气质、包容的心态、扎实的专业功底、全球500强企业的工作经验，和她畅谈总会觉得茅塞顿开。纵观这本书，你可以当作不同的场景剧来看，在里面找到自己的故事，也能找到答案；也可以当作自己的连续剧来看，预知剧情，做好准备，以降低职业成本。选错了职业很可怕，更可怕的是永远在考虑自己是否选错了，所以，给自己留点时间，看看这本书，方向对了就不怕路远。

北京炫橙文化传媒有限公司总经理　宋煜

2014年，我在一家全球500强跨国石油公司工作。由于战略性调整，我不得不再次择业，我当时很迷茫，正是这时，公司聘请了职业顾问李梅老师为我们提供咨询服务。李梅老师运用专业方法帮助我找到职业优势，还指导我准备了有针对性的简历，最终我顺利地进入一家大型制造企业。

入职一段时间后，我再次遇到了困惑，虽然按照合同，辅导期已经结束，几乎彻夜未眠的我还是给李梅老师发了一条长长的求助短信。第二天早上我接到了李梅老师打来的电话，她帮我做了一个十多分钟的测试后，我又听见了自己内心深处的声音，放下电话后豁然开朗。

当我得知李梅老师和沐兰老师合著了这本书时，我特别高兴！相信读者一定能从书中找到自己的职业方向，并获得继续前进的力量！

和光资本财务主管　郭薇

2013年，因为公司全球总部战略结构调整，我们整个产品部门被裁，我收到了一份为期三个月的职业咨询合同。我那时正在准备MBA的留学申请，所以希望有人能从客观的角度帮我审阅文书和做一些面试上的准备工作。梅姐不仅没有拒绝我提出的合同范围之外的要求，还介绍朋友帮助我。在这三个月里，梅姐一直耐心地帮我修改简历、找文书漏洞、一遍遍做模拟面试，并结合她自己在职业转型中的经验，启发我挖掘成就事件。她的所有努力都是为了帮助我成为更好的自己。希望你在读这本书时，成为像我一样的受益者。

乐视网高级工程师　李强（Alex）

步步向前： 7步提高职业竞争力

初识李梅老师是在她给清华硕士生讲的职业生涯能力拓展训练课上，我被她的个人魅力深深吸引，也被她致力于帮助大学生求职所感动。彼时正值我开始思考求职问题，一片茫然。李梅老师无私的帮助，让我打了一场有准备的求职之战，从一个懵懂迷茫的理工科女生成长为自信且目标明确的职场新人，让我走在了同龄人的前列。非常感谢李梅老师！我坚信这本书能够帮助到更多即将走向职场的学生！

陶氏化学管理培训生　何正旭

在面临就业、职业转型这样重大的人生选择面前，无论是职场新人，还是职场老人，都难免迷茫。每次换工作，你想换来什么？应该考虑哪些因素，做哪些准备？你想清楚了吗？你该如何做？

让Tina老师用丰富、真实的案例和有效的工具，引导你走出一条坚定的、适合自己的职业之路。

资深人力资源经理、LMI领导力教练　Tracy Pan

如果说儿时的幼稚和童真创造了当时天马行空的梦想，那么今天的你就应该更加务实，更好地"把握当下"，才可以更好地走向未来的自己。

这本书通过系统化的测评工具，结合不同行业、不同角色的生动案例，一步一步，帮助今天的你和将来的自己对话。

IT高级研发经理　Meng Dong

优雅热情的Tina用她的专业知识带领很多全球500强企业的职业经理人走出职场迷茫，很多人也因此成为Tina的朋友，包括我。Tina的工具真的是可以发现自己的能力、性格、价值观从而找到自己的定位；她的非常实用的建议，可以升华简历和更深地了解面试；她的引导，可以启发到自己从而找到前进的动力和方向。她给你带来的不仅仅是职业的成长，也包括外在形象和内在修养的提升，以及生活的全方位管理。

看到书的目录，我已经很期待了，因为里面还有很多我没有和Tina交流过的内容。每个人都希望自己在职场上有高人指点，现在，Tina来了！

IT高级产品经理　Crystal Xiao

推荐序1

职业生涯管理是困扰很多人的问题。我在对外经济贸易大学国际商学院工作多年,教过本科生、研究生,还带过MBA、企业总裁班等,在所有学生问我的问题中,职业生涯的问题是被问得最多的。

李梅、沐兰合著的这本书是一本高质量的职业生涯管理方面的著作。两位作者长期做职业生涯咨询工作,深感职业生涯管理对每一位职场人士的重要性,又痛感市面上没有理论和实际结合得好的书籍,于是她们潜心写了本书。对于写书,两位漂亮的知性女士非常认真和刻苦,我也多次和她们热烈讨论过提纲和书稿,并被她们的执着精神深深感动。

本书一方面有一定的理论性,另一方面实践性特别强,容易落地,非常接地气,除了有大量的鲜活案例,还有大量非常有价值的Tips(小建议、小窍门)和实操工具。读者可以一边读,一边结合自己的实际情况做测验,解答自己在职业生涯中遇到的各种困惑。本书的结构非常清晰,分别从向内看、向外看、做选择、在路上、把握当下、职业管理的三类问题、职业管理"小帮手"等七个方面展开,而且每一章都有思维导图,易读性强。

我是对外经济贸易大学人力资源系的老师,长期从事人力资源管理和职业生涯方面的教学和研究工作,由于工作的需要,我接触了大量的职业生涯方面的书籍，但好书却如凤毛麟角，寥若晨星！直到我看到了这本书。这是一本职业生涯管理方面的好书，我愿意推荐给大家阅读，相信大家读后肯定会收获不匪。

陈胜军

对外经济贸易大学国际商学院 EMBA 中心主任

对外经济贸易大学国际商学院副教授

北京大学人力资源开发与管理研究中心研究员

美国俄亥俄州立大学 Fisher 商学院访问学者

推荐序2

规划是为了更好地变化

好像自打从事HR（人力资源）工作以来，就经常会被问到一个问题：怎么做职业发展规划？年轻时候的自己阅人太少，专业上也懵懵懂懂，对所谓"职业规划"的理解是：这是一个死板的写在纸上的计划，多是和公司的职业阶梯、薪酬待遇等密切结合的路线图，再加上自身幸运地快速成长所带来的骄傲感，往往直接回答："哪里有什么规划可做？只要干好眼前的事情，下一个机会就在等你，努力吧，亲爱的同学们！"

然而，当自己的年龄不断增长，职业经历日益丰富，当自己也亲身经历过主动放弃"舒适圈"而去接受更大挑战，当深入了解越来越多职场成功者的故事后，我发现，每个人的成功路径里，并不仅仅一个"好好做事"这么简单。"做事情"的背后，他们从来没有停止过审视自己，他们看到自己的优劣势，不断理清自己内心的诉求；他们会想三年后、五年后，甚至更长久的未来，如何让自己不断抬高天花板的位置；他们也从来没有停止过审视同行，或者说竞争者，时刻思考如何与时俱进，让自己跟得上行业的发展，跟得上年轻人的步伐；他们还经常做一些特别艰难的决定，面对转换的不确定性，是不是要放弃已有的很多好处？是不是要接受家庭的两地分居？是不是要接受可能更不安全的薪酬条件？他们通常是在很多人容易冲动的时候表现得格外理性客观……当然，他们一直都很努力地好好做事。

当这本书放在我面前的时候，我突然意识到，原来这些成功者每天习惯或者依靠本能去做的事情才真正叫做职业发展规划。原来这些规划的方法是可以系统化地总结并复制的。规划，不再是写在纸上的计划书，不再是什么时间点我坐到什么位置，拿到什么待遇，而是一个系统的框架和完整的工具。其中的内容可以随着你在职业发展的道路上遇到的各种各样的问题，随着你自身发展到不同的阶段有不同的诉求，随着你会遇到各种不同的机会、面临各种选择而不断更新，你可以拿这些框架和工具，系统地审视、调整、决策。职业生涯30年，其实关键的可能就是几步。规划不是一成不变的，只有持续经营，规划才有意义，才能随时为更好的变化做好准备，这也许就是作者给书起名"步步向前"的原因吧。

在本书的框架和工具部分，体现了非常强的专业性，但更让我惊喜的是，一本人力资源类的书籍也可以这么生动有趣。作者梅子和Tina（沐兰），都是先做一家公司的HR，扎扎实实积累了全方位的In House HR的经验，之后做第三方顾问，从一个维度——职业规划，深入帮助了很多人，积累了丰富的案例。相信这本书的出版，也是梅子和Tina职业规划的一部分，从帮助一个企业的员工职业发展，到帮助能够遇到的人职业成功，再通过多年的积累和总结，帮助更多可能遇不到的人……

作为读者，你很容易在某个故事里看到自己的影子，读书中人，想心中事。相信每个读到本书的职场人，无论你是20多岁刚毕业，还是工作了20多年，都会有所启发。

感谢作者的用心，更期待大家能够喜欢这本书。

张瑾

盛大集团高级副总裁

盛大游戏首席行政官

序1

与"折腾"一路前行的非典型HR

前 几天Tina问我:"如果用一个形容词描述职场中的你,会是哪个词?"我想了想,也许"折腾"是最适合不过了。折腾是我职业生涯的主旋律,也许大家心中的HR的形象是稳健的,与"折腾"不大相关,所以我自命是个非典型的HR。

1989年,我从北大法律系本科毕业,因为从来不曾想过未来做什么,也从来没觉得北大法律系这样的教育背景能带给我什么不一样的职业,我像一叶扁舟漂了近十年,从法学杂志的小编辑,到开发区管委会的小职员,再到一家国企的人事经理,东冲西撞,总找不到自己的方向。直到1999年1月11日,我撞进了联想,做了人力资源工作——我深爱的、令我的人生充满意义和价值的工作,一切才有了转变。

在联想集团工作了近八年,从HRBP(人力资源业务伙伴)、集团招聘经理,再到负责全国的销售培训工作,联想给了我广阔、自由的平台,让我撒开欢儿折腾,做了很多HR一辈子也不一定有机会做的事:将人员派遣制度引入公司,减少了未来低端人员刚性增长带给公司的风险;将无领导小组讨论、工作样本分析等人才测评工具应用到人才招聘中,让招聘手段更加丰富;改变了销售人员课堂培训的方式，以实战培训与晋升相结合的方式替代旧的培训方式，大大提高了销售培训的有效性……

在我做得风生水起的时候，我辞职去了一家劳动法律咨询公司做顾问，那年我39岁。几乎没有人能理解我为什么离开，其实特别简单：如果当时我不离开联想，未来将再也没有勇气和能力离开了，职业生涯从此将没有不确定性，我不想做一只温水中的青蛙。真是"不折腾毋宁死"呀！

然后，一路折腾下去：三年劳动法律咨询顾问、一年民营公司人力资源总监、四年猎头公司合伙人。再后来，毅然放弃猎头这个职业，做起了自由顾问：人才测评师、心理咨询师、职业发展顾问、清华大学职场相关课程兼职老师和职业教练。

虽然一路折腾，但我一直在人力资源这条大路上不停地行走。做猎头四年，浏览了几千份简历，见了上千个人；做职业顾问三年，辅导了几百个人，帮助他们在被战略性调整后重新开始生活；做EAP（企业员工帮助计划），一年陪伴200多位职场精英，帮助他们从困惑和压力中走出来；做清华老师三年，了解大学生的职业困惑，也有机会帮助他们认识自己、认识职场。

回过头来，感谢我这生命不息、折腾不止的个性，让我成为今天的自己：在政府、国企、事业单位、跨国公司、民营企业的工作经历，从企业人力资源和外部咨询顾问的视角，以心理咨询师、职业教练、人才测评师等应具备的专业技能，让我在帮助那些遇到职场困惑的人时，更能够感同身受，更能成为他们的好伙伴。如果不折腾，我可以像大学同学那样成为律师，但是折腾，让我看到了那么多不同的职业发展历程，能帮到更多的人，这让我的生命充满更多意义。

我不喜欢教育人，不喜欢给别人灌心灵鸡汤，只是希望通过这本书中一个个活生生的案例，让你看到别人身上的自己，从而调动自己的智慧，发现自己的各种可能，找到属于自己的职业发展之路，并把自己放到通往前方的路上，一路向前。

好吧，让我这个爱折腾的非典型 HR 和理性智慧的 Tina 作为你的向导，带着你看看职场中的风景，看看大家走过的路。

李梅

序2

寻找内心的声音

职业生涯30年,你希望如何度过?

不知道你是否看过电影《非诚勿扰2》,其中的一个场景——人生告别会,总让我无限感慨。

现在,随我一起闭上眼睛,一起畅想未来,想想在你60岁职场谢幕时,你希望自己以什么样的角色、什么样的形象出现。你头脑中出现的场景是什么?那个画面是什么?你最想说的一句话是什么?

在过去五年多的时间里,我走进了许多梦想中的全球500强企业,在企业重组、变革管理的时候,为企业管理者和员工就面对变革中的职业生涯管理提供咨询和辅导。几百场的讲座,近千人的一对一职业咨询,我发现无论是位高权重的高层管理者,还是一线的员工,在职业转型期间都出现了不同程度的无奈。

> **案例**
> 我曾经服务过的一个客户来自某全球500强,她36岁,专科毕业,14年的就业经历,是第三次跳槽来到目前这家公司,担任一个事业部的秘书。在这家公司她已经工作了十年,因为部门要被整体裁撤,她要重新找工作。

> 辅导过程中她提到"那我换工作，工资至少要增加20%吧"，对此我很惊讶，因为她们的工资水平已经高于就业市场同类岗位20%，即使在外企也是偏高的。之后，我们的交流是通过一系列问题开始的：
>
> "那你觉得做一个秘书的核心能力是什么？"
>
> "成长为一个合格的秘书需要几年？"
>
> "大学毕业生经过几年就可以达到你现在的水平？"
>
> "你独特的优势是什么？"
>
> 经过30多分钟的对话，她开始很现实地考虑到，"我英语不好，这些年重复机械地工作着，能力也没有什么提升，那我可能要做好降低20%的准备"。

在如今快速发展的时代，唯一不变的就是变化，信息产业革命将这种状况推到了极致，每个企业也在这瞬息万变的外部环境中不断变革，可以说没有一份工作是稳定的"铁饭碗"，那我们每一位在职场打拼的员工该如何思索、探讨属于自己的职业历程呢？

在过去的三年里，我也走进了高校，为MBA、研究生等提供职业生涯管理的系列课程，在教学的过程中我发现即使在全国一流的院校，也有许多研究生不知道毕业后该做什么工作，不知道自己的兴趣和优势，不知道该如何找到合适的工作机会。在研究生期间，他们隔两三个月就盲目地变换实习的工作岗位或组织，可还是不知道自己要什么。

职业生涯的起点虽然不能决定我们的职业生涯的终点，但是正确的选择会让我们少走一些弯路，获得更多的职业快乐感和成就感。那如何去找到内在的自己最喜欢的工作呢？

学会如何探索自己的兴趣、发现自己的优势，如何了解和自己的职业愿景匹配的就业信息，是在职业生涯起步、提升和转型等期间需要不断思索的问题。

我们的足迹不可能遍布每一个高校、每一家企业,也不可能有机会为每一个面临职业转型的人提供面对面的辅导和帮助,那就通过这本书,通过一个个真实的故事(案例),和处于职业探索、职业找寻或职业成长阶段的你进行一对一的对话,让你知道如何系统思考自己的职业生涯,同时配以各种测评工具,让大家有方法、有步骤地知道如何管理自己的职业旅程。

本书将按下图所示的思路和大家一起探索,寻找我们内心的声音,发现真实的自己,并寻找可行的路径。

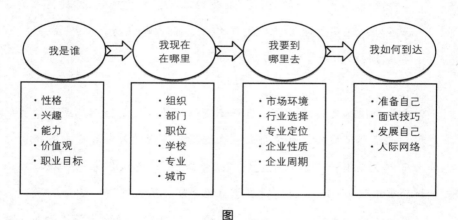

图

在这本书中,你可以发现:

至少一个很像自己的故事;

至少一个自己关注的问题;

至少一个可以自我评估的工具;

至少一个自我教练的方法;

思维导图帮你系统了解每部分内容,加深记忆。

沐兰(Tina)

目录 CONTENTS

01 向内看：全方位了解自己

职业转换，你想换来什么 2
发现你的能力 16
通过 60 种特质了解你的性格 28
找到职业坐标 32
让兴趣开花结果 33
发现你的职业优势 36
跨越时空的对话 40

02 向外看：探索工作世界

看行业：小手机，大世界 54
看企业生态圈 60
看企业类别：国企、外企、民企，你去哪儿 61
看职业：说说 Job Family 63
看职位：梯子和格子架 65
看同事：年龄差，多大合适 66
职业体验，让感觉落地 68

03 做选择

做简历的目的是什么 76

为何简历"石沉大海" 77
写简历，亮出你的态度 81
投递简历，不走寻常路 90
如何和猎头打交道 97
还有哪些招聘渠道 101

04 在路上

认识面试官的评价偏见 104
面试，不打无准备之仗 108
面试结构和常用的测评形式 116
面试问题的思考策略 127
面试后复盘和跟进 132
面试中必死无疑的三个表现 134
说说薪酬这件事儿 137

05 把握当下

不做"生锈的螺丝钉" 144
职业生涯花开花落 146
职场 30 年，成长，再成长 150
发挥优势，提升职场竞争力 156
直面变革，应变求生 157
得体形象，助力职场 161
职场的 model 和 shadow 166

06 职业管理中的三类问题

第一类问题：迷茫和适应 170
第二类问题：成长的烦恼 178
第三类问题：中年职业危机 186

07 职业管理"小帮手":自我教练工具

工具 1　目标五问 196
工具 2　闪光时刻 197
工具 3　快乐三问 198
工具 4　决策平衡单 198
工具 5　职业生涯曲线 200
工具 6　平衡轮 201
工具 7　生活方式象限图 202

08 非常 7 + 1:你一定要关注的

100 个字的个人简历 206
在不同行业或职业中游走的各路达人 207
谁决定天花板的高低 214
四世同堂,快乐共成长 216
树立你的个人职业品牌 220

附录　免费获取职业倾向评估

01

向内看：全方位了解自己

当一个人真正开始寻找自己的时候，
才能够清楚地看到自己的价值。
了解自己的优势和劣势，
了解自己深层次的需求，
才能真正给自己一个正确的定义和目标。

职业转换，你想换来什么

想想看：
（1）找工作，你想找到什么？
（2）你辛辛苦苦上班，希望换回来什么？
（3）不甘心或不得已时，选择跳槽，是为了什么？

"钱"，是不是脑子里出现了这个字？是的，赚钱，赚更多的钱，这很现实。

可是，还有别的吗？给你不少钱，但每天老板批评你、侮辱你行吗？你没有发展的机会，几年干重复性、低价值的工作行吗？有的人可以，有的人就无法忍受。每个人通过工作希望获得的回报是不同的，这些各不相同的回报就是工作价值观。

工作价值观即工作中你认为最重要的是什么。

18项工作价值观

我和好友Mable为北大法学院的法律硕士和清华大学职业生涯教练计划（Coach计划）的学生做了几场自我认知的工作坊，当我们问"什么是你们心目中的好工作"时，有同学说"挣钱多的"，有同学说"不忙的，能照顾家庭的"，还有的说"有成长机会的"……在我们带领大家做工作价值观评估后，他们得出的结论既超乎原本的想象，又在情理之中。比如，多数同学的工作价值观中有成就感、个人成长、挑战、尊严、认可等。想想看，这些学霸们如果不具备这些价值观，怎么会长成今天这种样子？

我曾接到一个 EAP（employee assistance program，员工帮助计划）咨询。某银行的理财顾问 Gary 向我咨询一个问题："在这家公司，挣钱不可能再多了，有另外一个机会也许可以挣很多钱，我是不是要去？"我问："除了钱之外，你还在乎什么呢？"他说："不知道，没想过……"这样的对话，在我的 EAP 咨询中，经常发生。

很多人在找工作、换工作时，知道自己不要什么，但不知道自己要什么。如果不知道什么是你心目中的好工作，不知道你在乎什么，不知道什么可以激励你，那如何才能找到好工作呢？如何做出是否换工作的决策呢？

首先，我们看看有什么样的价值观。以下 18 项基本涵盖了所有的工作价值观。

（1）成就动机

把事情做好而得到满足感。

能够看到通过自己的努力取得实质成果。

每天做完工作，自我感觉良好。

知道自己的工作对团队整体有贡献。

在自己的工作上取得卓越成绩。

（2）归属感

与团队成员一起工作。

与同事建立良好关系。

工作上经常和他人接触。

有机会参与社交活动。

被他人接受及喜爱。

（3）挑战

在有压力的情境下，准时完成任务。

有机会解决有难度的问题。

能经常对有风险的事承担责任。

有机会发挥个人潜能，做没做过的事。

有机会与他人或其他组织竞争。

（4）创新

找寻解决问题的新方法。

改善旧方法或旧产品。

发现或发展真正独特的产品、程序、服务或应用方法。

与富有想象力及创意的人共事。

（5）经营管理

无须广泛征询意见而能快速做出决定。

能够提出创造价值的战略或策略。

随时准备面对风险。

接受挑战，永不放弃。

找寻从采取行动到看出成果而得到的满足感。

（6）财富

比其他人挣更多的钱。

投入产出优厚。

有足够的钱去享受生活。

不需要担忧钱的问题。

赚足够的钱，被视为富裕。

（7）助人

别人有问题时能够帮助他们。

感到自己对社会有所贡献。

对他人慷慨。

可以教导、训练他人，并可提供服务。

能够有机会做公益。

（8）主动性

发现潜在的问题并采取行动以避免问题发生。

发觉有什么事需要办并且把它办好，而不需要别人安排。

看到其他同事繁忙能自主帮助。

发现某项需求并向上级提出。

要求增加自己的责任或职责。

（9）独立自主

能够自己安排工作的优先次序。

有挑选自己任务的自由。

可以自己做主，而不需要事事请示。

可以弹性处理公司的规则。

可以对影响自己工作的事做决定。

（10）尊严

根据自己的价值观行事。

维护自己的信念。

不做与自己信念有违的事。

与和自己同道的人共事。

在一家有社会责任的公司工作。

（11）领导力

制定政策及指引，让他人跟随。

决定事情该怎么办。

可以指挥他人的活动。

负责一个部门的业务。

做领袖且被他人认为是合格的领袖。

（12）安排/计划

制定详细的计划再开展复杂的工作。

确保获得所需要的资源。

事事安排妥当、进展顺利。

详尽安排好各项工作的次序。

（13）个人/专业发展

有机会学习、改变和发展。

参加公司组织的课程以提高自己的技能。

与那些鼓励或支持发挥自己潜能的人交往。

愿意参加那些可以提高能力的活动。

（14）认同/地位

在工作上的贡献得到认同。

有能力及机会成为一个受尊敬的员工。

拥有相匹配的职位、职称。

被上级或同事奖赏或赏识。

（15）安全感

知道就算单位遇到困难也不会被辞退。

单位提供保险和福利。

有自动加薪机会。

按时拿到工资。

（16）按部就班

到点上下班。

有清晰的指引、标准及程序。

（17）多样性

工作及活动富有弹性和灵活性。

有不同的项目及职责。

可与不同类型的人接触。

需要解决不同种类的问题。

（18）工作和生活平衡

可以很好地照顾家庭。

有时间和精力做自己喜欢的事。

下班后不被工作打扰。

※ 练习

从上述 18 项中，选出你认为最重要的 6 项价值观，并按重要程度排序：

第一：

第二：

第三：

第四：

第五：

第六：

除了按上述的要素去挑选之外，我们还可以通过访谈、测评、冥想等方式，了解自己当下的价值观。

说故事，在故事中探索价值观

Elaine 是一家公司的高管，她非常能干，很多公司都想挖她，因此她面对的诱惑很多，可她不知道如何选择。辅导时我们利用说故事的方法，帮助她找到自己的内在诉求。

第一步，说说过去和现在发生的故事

表 1-1　说说过去和现在的故事

说说你上小学前印象深刻的故事	内容	我排行老二，上面是姐姐，下面是弟弟，爷爷奶奶不喜欢我，总骂我，说我是多余的人，好吃的都留给姐姐和弟弟，不给我吃
	感受	委屈、不公平、不被关注、不重要、做什么都不被表扬、不快乐
	关键词（正向词汇）	公平、被关注、被重视、安全、快乐
小学期间（中学、大学）印象深刻的故事	内容	学习成绩好，当大队长，组织同学举办活动，上台讲话，被老师宠着
	感受	感到被关注、被重视，觉得自己特优秀；骄傲，与众不同
	关键词（正向词汇）	被关注、被重视、认同/地位、骄傲、与众不同、安排计划
在工作经历中印象深刻的故事	内容	29岁做副总裁，全公司最年轻的高管
	感受	特别自豪，因为比同龄人优秀，比别人挣钱多，带着几百名员工，受员工尊重，受老板赏识，做有挑战性的事
	关键词（正向词汇）	成就、认同/地位、财富、领导力、尊重、挑战、被重视

第二步，描绘你的未来

表 1-2　描绘你的未来

描述你看到的未来十年的画面，越具体生动越好	内容	有很多钱，带着很多人做有挑战性的工作，很有激情。和很多下属在一起，挑灯夜战。大家很崇拜
	关键词	财富、挑战、领导力、尊重
等你离开这个世界，你希望墓志铭（悼词）是什么，希望同事、家人、朋友怎么评价你	内容	我希望大家在我离开的时候说：Elaine 是个优秀的、主动积极的、有成就的人
	关键词	认同/地位、成就、主动

第三步，汇总关键词

我让 Elaine 在所有的关键词中找出她喜欢的，然后再从中找出最喜欢的六个。

Elaine 第一次找出的是：被关注、尊严、安全、认同/地位、财富、领导力、挑战、成就，共八个关键词。

我让她再想想，挑出最喜欢的六个，或者说删去两个。最后得出的是：

认同/地位、领导力、挑战、成就、尊严、财富。

第四步，反向确认

对于上述的六个词：认同/地位、领导力、挑战、成就、尊严、财富，如果在这些词前加上否定词，她是不是很不喜欢？

例如，我问：Elaine，不能发挥领导力，你是否能够接受？

Elaine 答：不能接受。

那么，"领导力"可以说是她的价值观。

第五步，按照重要性依次排序，确定核心价值观

排序如下：领导力、认同/地位、成就、挑战、尊严、财富。

其中最重要的三个核心价值观是：领导力、认同/地位、成就。

做减法，找到核心价值观

然而，往往还有 Tom 这样的情况：

Tom 是一家名校毕业生，大学毕业后进入一家知名的跨国公司。他认为价值观应包含十项要素：

成就	尊重	财富
挑战	认可	企业精神
领导力	安全感	独立自主
个人成长		

Tom说这十项都重要，却不知道哪个最重要。造成这种情况的原因有两点：

第一，期望值很高，对外界要求过高。

第二，还没有想清楚到底要什么。

太多价值观、太多诉求，反而就不知道内心到底想要什么了。因此，我们要知道内在的驱动力是什么，最核心的价值观是什么，这就需要做减法！

将Tom认为最不重要的删去，再删去剩余的要素中最不重要的，依此类推，并记住删除的顺序，然后编号：如共十项价值观，第一个删除的编号是10，第二个删除的是9。每一次删除，Tom都需要思考许久，而正是这样的思考，让他能想清楚自己到底想得到什么，是什么要素能驱动自己投入工作中。删到最后，Tom对我说："这个不能再删了，再删就没法工作了。"对！这个没有就无法工作的要素就是他最核心的价值观。

职业管理，工作价值观来帮忙

了解了自己的价值观，对我们有什么用呢？让我们来看看几个案例。

我要去哪儿？

让我们再来看看前面说的某银行的Gary。

Gary，28岁，已婚，有一个两岁的小孩，每个月都要还房贷，大学毕业后到了这家银行，职位是贷款理财顾问。Gary虽然业绩很好，但是生活压力依然很大。这样的情况下，"钱"无疑是 Gary 最关注的因素。

> Gary：老师，我有一个机会也许可以挣很多钱，我应该去吗？
>
> 我：一个好的工作，对你来说最重要的因素是什么？
>
> Gary：钱多。
>
> 我：除了钱多，还有什么？
>
> Gary：现在我最需要钱。
>
> 我：那你需要考虑风险吗？
>
> Gary：嗯，当然，不能就挣几天钱，公司就倒闭了。
>
> 我：那你在乎团队氛围吗？
>
> Gary：当然，我希望和上级、同事能有和谐的关系。
>
> 我：那你再想想，还希望要什么？
>
> ……
>
> Gary 在我这样一点点启发下，发现自己还有很多因素需要考虑，然后告诉我，他还希望在工作中有成长、有归属感、能自主地工作。

围绕他所关注的要素：收入增长、职业发展、独立自主、适度风险、归属感、和谐的关系等六个要素，我们一个要素一个要素地讨论和评估。在讨论过程中，他看到目前这个单位有很多地方自己是非常满意的，对于新机会还有很多地方需要进一步了解。在咨询接近尾声时，我对他说："我们首先要尽量全面地了解自己的工作价值观，尽可能找到和自己价值观相匹配的工作。当然，不可能所有的要素都匹配，但是如果我们知道哪里存在风险，心里就有所觉察，并且有应对的策略，从而对自己的决策负起责任。"

不知道工作价值观，我们就无从知道自己要什么，不知道如何取舍，也就不知道应该去哪里。

> **案例**

我为什么不想上班?

一天晚上,我接了一个咨询电话。小贾,32岁,在一家大型银行工作了6年,刚刚换了一个新岗位,有很多东西需要学习,这个岗位和她的职业兴趣也是非常匹配的,但她却没有工作动力,每天都不想上班。因此,她向我咨询,希望我帮助她,让她的工作状态有所改变。于是,我帮助她进行了价值观的评估,然后对期望和现状进行打分(见表1-3,满分10分)。

表1-3 给期望和现状打分

价值观要素	期望的分值	现状分值	差值
个人/专业发展	8	8	0
被认可	9	7	-2
财富	8	2	-6
独立自主	8	4	-4
挑战	7	7	0

看完表1-3,小贾恍然大悟:虽然岗位调整了,但薪水没有调整,而且与自己的期望相差甚远;另外,大概因为是新手,老板对自己不放心,管得过于具体,自己仿佛总是被监管,失去了独立自主的机会。咨询过后,小贾就和老板谈了什么要素更能调动自己的积极性。后来她告诉我,在和老板就自己的价值观沟通过后,老板给她加了薪,对她实行目标管理,而不是事事过问。自此,小贾的工作状态得到了很大的改善。

你可能要问:为什么老板会按小贾的要求去做?其实,每一个经理都希望自己的下属能有非常强的工作积极性,但往往苦于不知道如何才能激励下属,也就只能用自己认为下属需要的方式来激励。你告诉了他自己要什么,老板就不用猜来猜去了;你告诉他你要吃苹果,他就不用为你费劲去买蓝莓了。

"老板不断给我加薪,真是害死我了!"

Tracy,29岁,是一家外企的员工,我作为她的职业顾问帮助她重返职场。这是个聪明伶俐的姑娘。我发现,虽然年轻,但她的薪水比很多年龄大的员工都高,比市场同样职位的也高。我和她一起做完价值观评估后,发现在她的主要价值观中,没有"财富"这个要素,而是个人职业发展、成就感、挑战性是她最重要的价值观。了解了这点,Tracy感慨道:"要是我早知道我的价值观就好了,老板不断给我加薪,真是害死我了!"

原来事情是这样的:

Tracy因为聪明、努力,深得老板信任,老板自然一次次加薪。当她想转岗到其他岗位的时候,对方部门非常欢迎,但一看薪水,就皱起了眉头:Tracy的薪水比同岗位的人高太多了。降薪吧,怕Tracy不愿意,即便她愿意,上级心里多少会觉得委屈了她;不降薪吧,对同级同岗位的同事又不公平。这样一来,其他部门上级只好忍痛割爱。而老板为了激励他,再一次次地加薪。循环往复,Tracy也没能换成部门,一晃就到了战略性裁员的时刻了。现在,把Tracy放到市场上,尴尬不可避免地再次产生。

Tracy说:"走到今天高不成低不就的地步,不能怪老板,如果我当年知道自己的价值观,我就会直接告诉老板我的驱动力是什么,让他给我更多有挑战性的工作,让我多一点成长,少一点加薪,我的市场竞争力就强了。"

如果Tracy早一点了解自己的价值观,就不会让老板套上"金脚链",路也会越走越宽。

步步向前：7步提高职业竞争力

案例

什么样的公司适合我？

Selena 原来是一家跨国公司的财务经理，因为公司战略性调整，她去了一家汽车行业的国企。一天，她打电话一定要和我聊聊。

Selena 来这家公司三个月了。报到后一进办公室就傻了：说好的成长机会呢？不是说好的让我做财务分析吗，怎么却让我做好多年前我就在做的财务核算？心想：也许老板考察我是否能安心下来吧，或许三个月后，就给我分配之前答应的工作吧。于是，Selena 努力适应。

然而，三个月后，老板没有任何要调整工作内容的意思，Selena 鼓足勇气找到老板，老板说："咱们公司一旦来了，都得从核算开始，调整工作内容的事以后再说，还得看财务分析这个岗位的人能不能调走，他不走我也没办法安排你。"Selena 当时就傻了：这家国企的人才流动性很小，这个岗位的人都40多岁了，主动调走的可能性基本没有，而公司又没有绩效考核制度，不是目标导向的文化，而是更关注和谐的关系。

我问 Selena："当时你找工作时，是否注意了企业文化与你的价值观的一致性问题。"

Selena 答："当时怕找不到工作，他们又承诺给我提供的工作内容是我想要的，就匆忙决定了，忘记当时你们提供的服务中价值观那项了。"

〔Tips〕个人价值观 vs 企业价值观

企业价值观是企业的文化，它渗透在企业管理的各个环节，仿佛空气，无处不在。我们在寻找工作机会时，尽量选择与自己价值观一致或接近的企业，即便是不一致，在接受这个工作机会的时候，也应

> 该认识到差异，以及应对差异的策略。如果企业价值观与个人的核心价值观不一致，我建议就不要接受这个工作机会，不然你会非常不舒服，因为个人的核心价值观是较难改变的，而企业的价值观也不会因为你而改变。

如何了解企业价值观？如果你只是查企业官网上列的"企业价值观"那一项，就以为这就是真实情况，也许会犯错。如表1-4所示，不妨在工作访寻环节了解相应的规章制定。

表1-4 个人价值观与企业价值观的映射关系

个人价值观	在企业中的表现
个人/专业发展	岗位序列建设 领导力培养计划 升职加薪条件 培训体系和内容、频次 内部调岗（招聘）制度
成就动机/挑战	职位/职级晋升 绩效考核制度 奖金比例及获得条件
财富	薪酬策略：企业薪酬在行业中的百分位 加薪的条件和频次 股票、期权
独立自主	会议制度 汇报机制和频次

表1-4只是举例子，企业价值观是要落实在企业制度、流程中的，而不是贴在墙上的口号，更不是面试官告诉你的那些内容，需要你自己去了解和发现。

个人工作价值观的作用，综上所述，体现在如下方面：

（1）知道自己要什么样的工作机会。

（2）评估什么样的企业适合你。

（3）不爽的时候，知道哪里没有得到满足。

（4）告诉上级你要什么，而不是不要什么。

（5）了解到价值观差异及应对策略。

〔Tips〕

> 关于工作价值观的评估，除了上面提到的方法外，还可以使用第7章中的平衡轮做自我评估。

发现你的能力

场景1 面试官与候选人的对话

May：你有什么优势？

候选人：我有相关工作经验，仔细、认真、负责任。

May：你有什么劣势？

候选人：经验不足，追求完美。或者：没怎么想过这个问题。

场景2 老师，我怎么转行？

学员：老师，我不喜欢这个专业，想转行，怎么办？

May：你的能力是什么？

学员：我没什么能力，我学的不是这个专业。

May：你说的是知识，我问的是能力？

学员：什么是能力？

场景3　离开这家工作这么久的公司，我怎么生活？

客户：我在这家公司工作这么久，快十年了，离开这家公司，不知道以后能干什么？

May：那做了这么多年的工作，你具备哪些能力呢？

客户：没想过这个问题，我当时就是做好老板交代的事，没想到被裁的这一天，现在找工作也不知道自己有什么能力。

场景4　我能把兴趣变成工作吗？

客户：May，我想开家美容院，你觉得我行吗？

May：那你知道开个美容院应该具备什么能力吗？

客户：你觉得我有这个能力吗？我以前没干过。

这些对话是不是似曾相识？

很多人分不清知识、经验、能力和个性特征，很多人看不到自己的能力。在职业转换中，是什么才能让你走得更远？

知识让你走多远

Terry是一家大型互联网公司的人力资源总监，我和他聊起现在招聘的情况，他深有感触地给我讲了这样一个故事，遗憾之情溢于言表。

名牌大学某男生的悲哀

Terry的下属给他推荐了一个有着耀眼简历的应聘者：某名牌大学计算机本科、硕士，32岁，男士，毕业后在全球最知名的IT公司工作八年。

> 看到这份简历，Terry迫不及待地安排了面试。然而，令Terry大失所望：八年里他做的事情只有一件，那就是电脑桌面某一角落的汉化。除此之外，再无其他可圈可点之处。

无独有偶，同一天我去拜访客户，沟通一个人力资源总监的职位，客户得知我的教育背景，淡淡地说："我们前任被辞掉的就是某名牌大学法律系的，曾经是个省高考状元，很聪明，但是沟通协调能力完全不行，我们都说这所大学的学生怎么这水平。"

是只有这所名牌大学才有这样的人吗？显然不是。我举这个例子，只想告诉你：好的学历背景只是增加了你被面试的机会，也许能帮助你打开门，而让你走得更远的，一定不是你掌握的知识。

没有哪家公司会为你的知识持续埋单！

经验让你走多远

> **案例**
>
> Chloe今年40多岁了，是一家大型外企的财务经理，做成本核算工作，一干就是十年。公司业绩不好，公司进行了战略性裁员，首当其冲的就是和她一样在公司工作10年、工作经验超过20年的员工。Chloe们怎么也搞不明白：为什么我这么有经验，对公司这么忠诚，公司会裁掉我，太无情了吧？！
>
> Sonia任职于一家大型外企的销售商务部，做价格核定工作。因为这家公司是强势品牌，占有绝对的议价能力，所以价格核定工作就变得特别简单。Sonia在这个岗位工作十年后，忽然发现自己的经验对职业发展没有任何用途，再这样做下去就废了。

经验不是越多越好,简单的经验越多,越成为自己成长的包袱,更是企业的包袱。

从图1-1我们可以看到,经验带给企业的价值和你自己的价值不是直线上升的,当你的经验积累到一定的时候就走入平台期,随着时间的推移,体力、激情下降,也许不便于管理,甚至有些人倚老卖老,这些经验带给企业和个人的价值越来越低,甚至成为前进途中的障碍和负担。而一个毫无经验的人,站在老员工的肩膀上,快速成长起来,当经验积累到顶峰时,因为他们年轻,充满激情,带给企业和自己的价值都超越了老员工,老员工显然进入到危险区。如果老员工不能意识到这点,任凭这条曲线下降,请问:如果你是上级,当面临选择时,你淘汰谁呢?

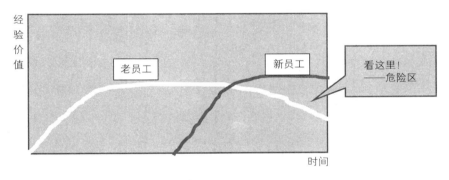

图1-1 经验与企业价值和个人价值的关系

个性让你走多远

个性也可称为性格或人格,个性可界定为"个体思想、情绪、价值观、信念、感知、行为与态度的总称,它确定了我们如何审视自己以及周围的环境。它是不断进化和改变的,是人从降生开始,生活中所经历的一切总和"。简单地说,个性就是个体独有的并与其他个体区别开来的整体特性,即具有一定倾向性的、稳定的、本质的心理特征的总和,是一个人共性中所凸显出的一部分。因为个性是相对稳定的,"江山易改,本性难移",在职业发展中,你的个性可能会成为瓶颈，而匹配到与个性相关的职业，也许更符合职业发展的规律，而不是为了职业而强行修正个性。

> **案例**
>
> 我曾经有一个同事叫 Jessica，非常聪明伶俐，上大学时只有 16 岁，本科读会计专业。毕业后，她顺理成章地进了银行。到银行第一年，所有的大学生都要做柜员，她也不例外。然而不幸的是，Jessica 因为大大咧咧的个性，经常数错钞票，一个月下来，因为马虎而被罚的钱比挣的工资都多。无论她怎么努力，马虎的个性依然让她"入不敷出"。当她意识到她的个性与岗位不匹配的时候，Jessica 决然离开了令人羡慕的银行职位，转入人力资源岗位。她爱帮助人、爱交流、亲和力好的个性特征，让她在人力资源岗位如鱼得水。很快，她得到升职，十年后就坐到了公司高管位置。

能力让你走多远

每当冬天来临，北方的园林工人常常把柳树枝条砍掉，只剩下光秃秃的树干。春天来临的时候，只要树根活着，几天就发出枝枝叶叶，一派生机盎然了。

还有另外一种情形。我是个绿植杀手。从花店搬回家的花，过不了多久就会被我养死。而令我有些懊恼的是，有些绿植死之前没有任何征兆，枝叶还是绿莹莹的，根却烂掉了，怎么救也救不活。

看植物健康与否，不是看枝叶，而是看根；而根埋在土壤里，要了解根健康与否，就要用专业的方法，或者扒开土壤去看看。

在职业发展中，能力分为专业能力和可迁移能力。看得见的枝枝叶叶就是专业能力，而看不见的、被土壤覆盖的根系就是可迁移能力（见图 1-2）。

而让你成长得更加健康的、在人生路上走得更远的，是这些可迁移能力。

图 1-2　专业能力和可迁移能力

如何区分专业能力和可迁移能力呢？

比如财务人员，会看懂财务报表并进行财务分析，这是专业能力。

而支持其体现出专业能力的是：逻辑思考能力、分析问题的能力、对数据的敏感性等。而这些能力不仅仅用在财务岗位上，在其他岗位也是可以用到的，这就是所谓的"迁移"。专业能力可以根据不同的岗位进行区分。

可迁移能力，大致和智商（intelligence quotient，IQ）、情商（emotional quotient，EQ）、逆商（adversity quotient，AQ）相关（见表1-5）。

可迁移能力，大部分经过训练是可以培养的，而且能力的发展有无限的空间。正是这些可迁移的能力，让你走得很远很远。在职业转换过程中，真正帮到你的不是知识和经验，也不是专业能力，而是可迁移能力。我们来看看通过可迁移能力大幅度进行职业转换的例子。

表 1-5　智商、情商和逆商的定义

类别	定义	说明
智商	又叫智慧、智能。智商是人们认识客观事物并运用知识解决实际问题的能力。这部分的能力和脑力密切相关	观察力、记忆力、想象力、分析判断的能力、思维能力（战略思维、系统化思维、全面性思维）、分析问题的能力、学习的能力等
情商	情商是用来衡量一个人控制调节自己情绪以及处理人际关系能力的指标。情商是个体的重要生存能力，是一种发掘情感潜能、运用情感能力影响生活各个层面和人生未来的关键品质因素。主要在人际交往过程中得以体现	"情商"大致可以概括为五个方面的内容： · 情绪控制力 · 自我认知能力，即对自己的感知力 · 自我激励（自我发展）能力 · 认知他人的能力 · 人际交往的能力
逆商	逆商，即逆境商数，或称挫折商、逆境商。它是指人们面对逆境时的反应方式，即面对挫折、摆脱困境和超越困难的能力	包括四个要素（CORE）： · control：控制感 · origin & ownership：起因和责任归属 · reach：影响范围 · endurance：持续时间

技术男转人际男

　　Richard，34 岁，是个典型的技术男，一直从事 IT 维护工作，帮助公司部门和员工解决服务器故障及电脑使用中的各种技术问题。几年前，他跳槽进入一家外资银行做 IT 主管，工作业绩出色，得到了内部客户的高度评价。入职一年半后，公司组建新销售部门，销售总监想到了 Richard，让他转到这个部门做客户经理。Richard 自己都怀疑是否能够做好。销售总监说："我看重的是你做事追求卓越的精神，还有非常好的客户意识及解决问题的能力，这比专业知识重要得多！"Richard 果真不负众望，业绩很快排到全国销售人员第三，现在已经成为销售经理。

按正常的思路，技术岗位是以任务为中心的，工作任务是搞定事，而销售人员是以人为中心的，工作任务首先是搞定人，才能搞定事。像 Richard 这样的转换并不多见，能实现这样的转换，就是因为他在完成任务的过程中表现出了良好的人际能力。

从酒店到银行的跨越

Tanya，32 岁，在向我咨询时，是一家外资银行的分行行长助理，希望在我的帮助下做好职业发展规划。她说现在她的工作包括行长的日常安排、人力资源协调、行政协调等，看起来很杂乱，希望能沿着人力资源或者行政管理的专业路线走下去，但对自己没有信心。

我按照常规了解她的职业经历时，她很不好意思地说："我以前没有银行工作背景，是酒店的前厅经理，阴差阳错进了银行。"

这激发了我的好奇心，也让我看到她过往的职业转换经历将会成为她进一步实现职业转换的动力。我问她："想想看，行长看中了你什么能力，录用了没有银行背景的你？"

Tanya 想想说："嗯，想起来了，行长说在众多竞争者中，不乏行业背景和相关岗位背景的人，他之所以选我，是因为我在酒店前厅工作中培养我的周到细致、善于沟通的能力，行长不方便说的话，我能恰当地表达给其他员工。"说到这些，Tanya 的语气里充满自信和骄傲。

我接着问："那你的良好的沟通能力、人际敏感度、解决问题的能力，可以用到人力资源或者行政管理岗位上吗？"

"我想可以！"Tanya 确信地点点头。

正是因为可迁移能力，帮助他们完成了貌似不易完成的职业跨越。

识别50种可迁移能力

当我问我的辅导对象"你有什么能力"时，对方往往搜肠刮肚想出了几条，往往这几条"放之四海而皆准"，毫无特色可言，换另外一个人也同样适用。当这些能力体现不出你的特点的时候，它们就不那么闪亮。面临职业转换，如何发现自己独特的能力，是帮助你成功转换的关键！

我们将可迁移能力归为六大维度、50种（见表1-6）。

表1-6 迁移能力的六个维度

思维能力	战略思维、考察/观察、形象思维、信息调查、文学创作、分析问题、决策判断、数据分析、创新/设计、调查研究、评估评定、理解能力、发现问题
人际能力	社交能力、组织协调、沟通表达、演讲呈现、影响力、说服能力、教学/引导、访谈/提问、自我认知、关系建立
执行力	督促监控、商务谈判、计划制定、时间管理、宣传推广、资源获取、解决问题、服务支持、市场拓展
压力管理	情绪的自我意识、突发事件应对、情绪控制、压力调适
领导他人	引领团队、激励他人、指导或辅导、授权、分配任务、识别他人
操作能力	装配维修、资料编辑、操作设备、文书撰写、信息记录、信息更新、信息处理、软件应用

现在评估自己，请将上述能力填入图1-3。图1-3表明的是能力的四个象限，一般称之为优势矩阵。

喜欢并擅长——多用

这是你的核心能力，甚至是才干！在工作中要多用这些能力，将会做到事半功倍。在选择这些词汇时，同时要思考如下问题：

（1）为什么我认为这是我的核心能力？

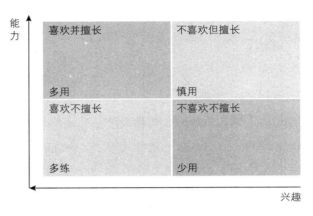

图 1-3 优势矩阵

（2）有哪些成就、事件证明我有这些能力？STAR 方法帮助你！

Situation: 什么时候发生的？发生的背景是什么？遇到的挑战是什么？

Task: 我的任务及目标是什么？我在任务中的角色是什么？

Action: 为应对挑战我采取了哪些行动？

Result: 对照任务目标，我做得怎么样？

有强有力的事件证明，才说明你具备这样的核心能力。

喜欢但不擅长——多练

这是你的新动力，可以发展成核心能力！在工作中抓住机会锻炼这些能力，让你充满工作热情，通过不断练习，你的核心能力将不断扩大。

针对这部分能力，也许可以通过下列方式提升：

在工作中提升（体内造血）：找到工作中可以锻炼这方面能力的任务，积极参与其中。

工作外提升（体外输血）：在职责之外，也许是工作场合，也许是非工作场合，锻炼这方面的能力，给工作和生活加点儿料。

> **案例**
>
> Mickey，40岁，是我的来访者。她在一个三级城市的大外企工厂任财务高级经理，任职五年。每天的工作周而复始，毫无变化。Mickey为未来的职业发展担心，怕这样的工作让她失去了竞争力。
>
> 在我的辅导下，她发现自己非常喜欢并擅长辅导他人，特别对职业发展方面的工作非常感兴趣。咨询结束后，她马上报了职业生涯规划师的培训班。之后，她将学到的职业辅导方法用在下属身上，帮助下属制定职业发展计划，同时协助人力资源部的同事开展职业发展计划建设，工作之余向亲戚朋友提供公益职业咨询。
>
> 经过一年的练习，Mickey掌握了职业发展咨询的能力，被一家咨询公司聘为兼职咨询师。现在Mickey的工作和生活更加丰富多彩，每天都充满活力。

不喜欢但擅长——慎用

往往有些工作是自己不喜欢的，但是基于责任或者自身能力，你可以完成得很好。但是即便完成得很好，如果长期做这些工作，你也很快就会倦怠。如果上级不清楚你不喜欢这些工作，就要适当说"NO"，以确保自己处于良好的工作状态，而不至于毫无激情。如果不得不做，也不要让这些工作成为你的工作重心。

我在做劳动法律咨询顾问时，和客户建立了非常好的关系，为公司赢得了不错的咨询收入。老板认为我有很好的销售能力，几次让我做销售工作，都被我婉拒了。其实，此前此后，不少人都希望我做销售，但我清楚地知道销售并不是我喜欢的工作，因为我不喜欢影响人，更不喜欢说服人，虽然我有这些能力。

当不得不使用这些不喜欢但擅长的能力时，尽量增加喜欢并擅长或喜欢但不擅长的工作，让工作更加有趣。

不喜欢且不擅长——少用

如果你做一件事，事倍功半，你就是在用不喜欢且不擅长的能力。是否事倍功半，是最简单的且最有效的评估标准。

> **案例**
>
> Jeff原来是一家公司负责环境管理的经理，由于公司被另一家公司合并，Jeff随之加入合并后的新公司。但是该公司将其岗位调整为教育行业市场拓展经理。他以前从来没有做过与销售有关的工作，也不具备销售应具备的能力，担任这个职位半年后，虽然比谁都忙，可是业绩毫无起色。在我的帮助下，他重新思考了自己的职业生涯，申请到了公司内其他岗位上。

不断变化的能力

随着职业成长，四个能力象限会发生变化（见图1-4）。在对职业进行有效管理后，能力四象限中，喜欢并擅长的部分越来越多，喜欢但不擅长的部分逐渐转换为核心优势，同时清晰地了解自己的短板，并接受：有些能力是比较难以改变的，职业管理中，最重要的是发挥优势，而非弥补短板。

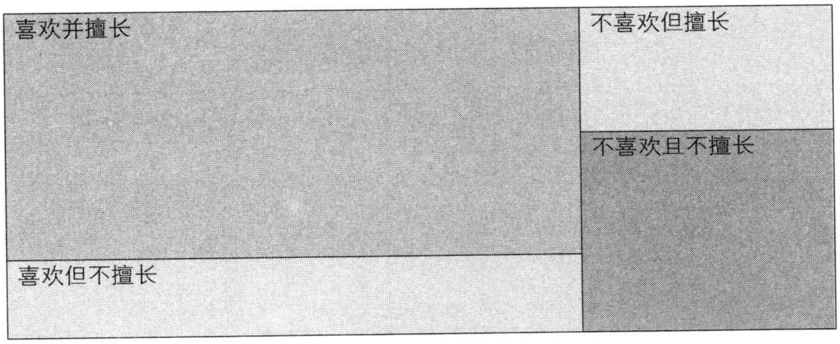

喜欢并擅长	不喜欢但擅长
	不喜欢且不擅长
喜欢但不擅长	

图1-4　优势矩阵的演化

通过60种特质了解你的性格

在职业发展中,性格因素无疑在发挥作用,性格与兴趣有直接的关系(见图1-5)。

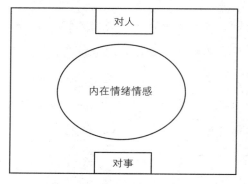

图1-5 性格与兴趣有直接的关系

为了方便理解和分类,我们可以将性格分为三类,共60种特质(见表1-7、表1-8、表1-9)。

第一类 内在的情绪情感

表1-7 内在的情绪情感测试

编号	特质	是/否
1	情绪稳定	
2	自信	
3	困惑	
4	情绪化	
5	心态开放	

续表

编号	特质	是/否
6	乐观	
7	消极悲观	
8	有耐心	
9	敏感	
10	多愁善感	
11	宽容	
12	多虑	
13	感觉迟钝	
14	精力充沛	
15	胆小	

第二类 对人（他人和自己）

表 1-8 内在特质测试

编号	特质	是/否
1	强势	
2	谦逊	
3	友善	
4	直率	
5	关心他人	
6	委婉	
7	沉默寡言	
8	可依赖	
9	易合作	
10	好批评别人	
11	依赖他人	
12	关注自我	
13	自我觉察	
14	自律	

续表

编号	特质	是/否
15	自我驱动	
16	严肃	
17	爱交际	
18	热情	
19	害羞	
20	富有同情心	
21	信任他人	
22	爱表达	
23	坦诚	
24	热心助人	
25	慷慨大方	
26	有幽默感	
27	独立	

第三类　对事

表1-9　对事的性格特质测试

编号	特质	是/否
1	爱冒险	
2	进取心强	
3	小心谨慎	
4	喜欢竞争	
5	简洁明了	
6	仔细认真	
7	喜欢创意	
8	坚持不懈	
9	保守	
10	灵活	
11	高标准	

续表

编号	特质	是/否
12	喜欢控制	
13	负责任	
14	固执	
15	摇摆不定	
16	不喜欢被约束	
17	讲效率	
18	理想化	

个性没有好坏之分，不同个性的人会有不同的职业兴趣，也有不同的职业方向。虽然我们每个人面临职业生活都需要调适，但从事与自己个性更加接近的职业你会感觉更舒适，工作起来更得心应手，否则就要花比较大的精力去调适。

在上述60种性格特质描述中，你认为和你最贴切的是哪五个？

1.　　　　2.　　　　3.

4.　　　　5.

为了更好地适应职场，最需要发展的是哪三项？（填写表1-10）

1.　　　　2.　　　　3.

表1-10

需要发展的三项	改善之后的行为表现	具体的行动计划（符合SMART原则，每半年评估一次）
如：情绪化	当别人有负面的反馈时，没有过激的言论，无论口头的或文字的	• 深呼吸，心中默数20下 • 有情绪时不说话，离开现场 • 找到周边的监控人，一旦出现情绪化，请对方及时提示
1		
2		
3		

找到职业坐标

了解了自己的价值观、能力和个性,接下来请看图1-6,你会有哪些发现?

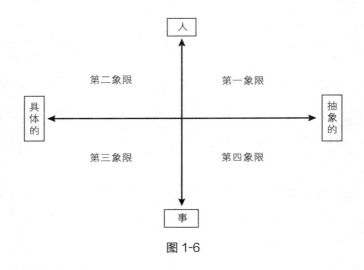

图 1-6

同一象限中的职业,往往具有相同或类似的特征(见表1-11),因此,在职业转换中能力更容易迁移,而跨象限的职业转换难度就大得多。

表 1-11 象限的特点及其典型职位

象限	特点	典型职位
第一象限: 人/抽象的	以人为中心,产生一些想法、理念、概念等	文化相关的职业,如作家、作曲家、画家、服装设计师
第二象限: 人/具体的	以人为中心,有具体可见成果或产品	销售、市场、客户服务、行政、教育培训、人力资源等方面的职务
第三象限: 事/具体的	以事为中心,有可见可感知的产出物	财务人员、生产人员、技术员、质量专员、投资顾问、编辑、程序员、产品专员、项目经理、工程师
第四象限: 事/抽象的	以事为中心,产生一些想法、理念、概念等	研究员、大学教授、战略研究员、品牌管理师、设计师、律师

〔Tips〕

"咨询"这个职业涉及四个象限，会因咨询内容差异而处于不同象限：如企业文化咨询，在第一象限；心理咨询，在第二象限；财务咨询，在第三象限；战略咨询，在第四象限。

评估自己，你在哪个象限？

让兴趣开花结果

种下一个兴趣，让它开花结果

在我的咨询中，经常有学生问："老师，我有个兴趣，可以作为未来的职业吗？"不妨听听以下这几个故事。

案例

小孙是一个刚毕业的计算机专业的本科生，毕业后应聘到银行做IT工程师。半年后，他咨询我："我觉得我喜欢卖东西、做生意，您觉得我可以吗？"我问："做什么生意呢？"原来小孙想做的生意是卖哈尔滨烤冷面。她发现所在的城市没有卖烤冷面的，而在家乡哈尔滨满街都是，她想下班后去摆摊卖烤冷面，等到挣了足够的钱，她就可以不在银行工作了，专门从事冷面生意。以下是我俩的对话：

May：你觉得挣到多少钱，就可以不做现在的工作了？

小孙想想说：一年20万到30万吧。

May：你打算开个餐厅还是只摆摊？

小孙：摆摊呀，开餐厅多麻烦。

May：咱们算算账，看看每天需要卖出多少烤冷面。

我们俩一起算账后，得出了一个结论，吓了小孙一跳：这需要每三分钟卖一份烤冷面，每天卖八个小时。这意味着每天客户都持续不断排长龙，小孙几乎没有休息。

我接着问她：你们那里有烤冷面摊儿吗，你和他们聊过吗？

小孙：没有。

May：你跟着烤冷面摊工作过一天吗？

小孙：没有，那多辛苦呀！

May：跟着他们辛苦，那你自己站一天呢？

小孙：没想过。

在回答我的一个个问题后，小孙说："我以前真没考虑过这些问题，我得再想想这样的生意能不能做，好像跟我想的完全不一样。"

案例

Laura是一个跨国公司的资深人力资源经理，在公司工作了25年。几年前，她喜欢上了心理学，在努力之下通过了心理咨询师二级考试。随后，Laura参加了心理咨询师孵化项目，跟随资深心理咨询师学习咨询的技能。她每个周末都去上课，风雨无阻，连续参加两期之后，开始接公益个案咨询，并接受老师的督导。经过老师的训练、督导之后，Laura的咨询能力迅速提升，得到了来访者和老师的好评。经过两年训练之后，Laura清楚地知道做一名心理咨询师正是可以满足其价值观、符合其兴趣的工作，现在她的能力也足以独立接咨询个案了。于是，Laura和公司商量，办理了离职手续。

Laura选择了和她过往的人力资源经验有一定关联性的工作，而有的人却选择了与过往经历完全不同的兴趣,并发展它,最后成就了自己的事业。

> **案例**
>
> 在北京有个湖南米粉店,创始人是在高科技公司工作多年的刘正,他此前并无餐饮行业的从业背景。由于职业的原因,负责人力资源管理工作的他熟悉互联网行业,并在互联网行业有众多好友。2013年9月,刘正在朋友圈发现家乡的朋友分享了一条点评当地美食的推送,他说:"当时立即触动了我,为何不把家乡最正宗、最美味的米粉带到北京呢?"兴趣的种子就这样种下了。
>
> "三天内共吃了四十多家店,一百多种米粉,最多的一天吃了11顿、跑了3个地市,留了12个店老板的电话。几乎每天要吃几十碗。我们一共七下湖南,仅为了一碗极致的米粉。"刘正回忆道。在不断的试吃过程中,他对店面的口味和产品有了一个初步的判断。终于在2014年,刘正在酒仙桥开了第一家米粉店,今年又开了几家连锁店,生意兴隆。作为刘正的同行和朋友,我去吃过几次,无论是口味还是服务,都获得了非常好的体验。

Laura 和刘正都是把兴趣的种子种下,浇水、施肥、修枝,然后看着它开出满枝丫的花朵,等着结出沉甸甸的果实。

然而,更多的人只是想出一个兴趣,讨论、讨论,还是讨论,就是不把这个种子种到地里。一年又一年,兴趣还是兴趣,它依然变不成现实。

从以上三个故事中,你体会出什么?

(1)找到自己的兴趣。

与过往经历相关的,轻车熟路;与过往经历无关的,可能要艰苦一些。

(2)体验这个兴趣。

是否能够成为可以长大的种子,就像 Laura 一样去上课、去接公益咨询,就像刘正一样去走店、试吃。

（3）把这个兴趣养大。

练习，不断地练习，投入时间、精力和财力，直到它可以成为自己的一个工作或者事业。

也许有人会问：我都这么大了，会不会太晚？萨提亚大师玛丽亚·葛莫利（Maria Gomori）开始学习心理学时已经49岁，今年她95岁，依然可以连着主持五天的工作坊。

赶快种下兴趣的种子吧，万一它长成一棵挣钱养家的摇钱树呢？

发现你的职业优势

你的职业优势是什么？

是不是喜欢做、感兴趣做的就是你的优势？

是不是有能力去做就可以成为你的优势？

当然不是，优势来源于你既有兴趣又有能力的区域（见图1-7）。当一份职业正好和你的优势吻合，能发挥你的优势和专长，你就会有无比的动力，并乐享其中。

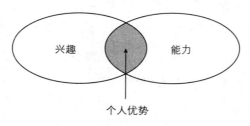

图1-7 兴趣、能力与优势的关系

名著《心流》（Flow）的作者米哈里·希斯赞特米哈伊（Mihaly Csikszentmihalyi）所做的研究表明，快乐与专注是紧密相连的。投入一项让我们求知欲十足的事情中，尽管事先可能预测不到在做这件事时是否会开心，但事情一开展就唤起了我们最专注的投入，我们的快乐指数就会瞬间狂飙。

我们每个人都有自己独特的优势。也许你会觉得这和其他人没有什么不同，但你一定有不少别人没有的技能，或你某些方面的兴趣更强烈一些。

那如何发现我们的优势呢？这就要和我们前面提到的"可迁移的技能"结合起来，尤其是在职业转型的关键时期，定义我们既感兴趣又有能力的领域。

根据兴趣的高低，以及能力的高低，可以形成如图1-3所示的优势矩阵。

职业转型，尤其是在寻求一份新工作的过程中，就是不断"自我推销"的过程要"销售"什么，那就是你的优势。即你"喜欢并擅长"的那个象限，当你的优势和潜在的职业机会匹配的时候，你就会有更大的筹码去和雇主谈判，工作起来得心应手，绩效也会容易突显，即所谓的"事半功倍"。所以，无论是找寻工作的过程还是职业管理的过程，都是"优势管理"的过程。

职业进程中，最重要的就是成长。如果潜在的职业机会和你的兴趣一致，但你能力不足，即"喜欢但不擅长"，那么机会来了，你却没有准备好，很有可能会失之交臂。如果每年你能针对性地发展一两项能力，那就可以不断发展自己，让自己的职业之路越走越宽。

在职业转型期，如何避免进入"不喜欢但擅长"甚至是"不喜欢且不擅长"的领域呢？当你为生活所迫，不得不接受这份工作时，也要想方设法找到使自己成长并让自己快乐的内容，不然你就很难让自己真正地享受职业带来的快乐与成就。

"SIGN"模型能帮助你找到你的职业优势。

Success（成功）：这是职业经历中发生过的有成就的事件。

Interesting（兴趣）：在做之前，你非常有兴趣，对此事充满期待，愿意投入时间和精力，乐此不疲（李开复："不给钱你都愿意去做。"）。

Growth（成长）：在做的过程中，你非常专注、高效，愿意学习，能力得到提升。

Needs（需求）：做完之后，你得到期望的结果，有满足感（与你的工作价值观一致）。

现在，请用SIGN模型从过往的工作事件中找到你的职业优势（见图1-8）。

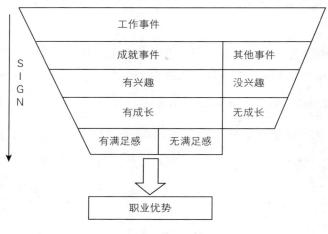

图1-8　SIGN模型

案例

　　Susan在过去的十年中做过很多事情：招聘、组织活动、培训、编内刊、行政支持、处理员工关系（比如发薪、入离职管理、劳动争议处理）等。

　　她在过往繁杂的事情中，培训、招聘、组织活动做得有声有色，其他工作虽然都说得过去，但中规中矩，乏善可陈。——找到S，success。

　　在这些"S"当中，Susan虽然非常擅长组织活动，有多次成功组织百人以上活动的经验，但她并不感兴趣。而培训是她最感兴趣的事情。——找到I，interesting。

　　在"I"中，Susan做过很多培训：专业技能培训、管理培训（比如：新任经理培训、领导风格培训）、通用技能培训（比如：沟通技巧、时间管理、领导力、商业礼仪等）。有些可能是按照标准课程模版讲的，每次都没有变化，得不到成长，因此她并没有感到特别快乐。对于可以自己开发、修改的课程，在客户化的过程中不断更新，可以体验到成长。——找到 G，growth。

在这些"G"中，当讲授有关职业发展、沟通技能、领导力提升等课程时，Susan 可以获得她想要的：被认可、被尊重、帮助他人，因此得到满足。找到 N，needs。

Susan 在这样的思考方式的启发下，找到了自己的职业优势：与人的职业能力相关的、非模板化的相关课程的培训工作。

〔Tips〕

发现职业优势的前提条件是你必须做过足够多的事情。如果你做的事情不够多，"职业优势"也就如无源之水。因此，无论你是处于适应期的职场新人，还是发展期的职场老手，"做事"才是硬道理，哪怕当时看起来不那么"高大上"。

寻找 5~10 个你的成就事件，在这些事件中找到共性。所谓的"成就事件"，不是惊天动地的大事，而是在我们的职业经历中留下深刻印象的、自己觉得有价值的事情。

每半年到一年，都要回顾 3~5 个"闪光时刻"，确保自己的优势区域不断扩大；如果找不到，就有必要思考：

为什么找不到这些"闪光时刻"了，我是不是变成了"温水青蛙"？

下一步我要做哪些改变，以增加这些"闪光时刻"，以提升自己的职业竞争力？

跨越时空的对话

在了解了自己价值观、能力、性格、兴趣以及核心优势之后，也许你依然不知道自己想要做什么样的工作、过什么样的生活、采取什么样的行动，这就像你站在岔路口，不知道何去何从。

在职业发展过程中，通常有两个这样的迷茫期：第一个迷茫期是大学毕业前后，不知道自己将来做什么样的工作；第二个迷茫期是四十岁左右进入到"意义价值阶段"，这时候你会开始想：什么工作更能实现自己的价值？什么样的工作更能随着自己的心意？

我作为清华大学的职业教练，曾给同学们布置过一个作业：十年后的你给今天的你写一封信——"来自未来的信"。下面这封信，就是清华的一位大学生写的。

给那一年 20 岁的我 [1]

Hi，20 岁的我，你好！

此刻的你正在做什么呢？你也许正背着一书包的课本和资料，在图书馆里焦头烂额地记忆各种公式、定理和考试题型，你翻开一页又一页，这封信就兀地出现在你眼前。谢谢你打开这封信，听听 10 年后那个 30 岁的你，对现在 20 岁的你说的话。

你一定很担心我变得木讷无趣、世俗功利、自私狭隘吧，这可是 20 岁的你最厌恶成为的那种人。放心，我虽然没有炫目的财富和成就，但是却一直努力实现自己的一个个愿望，不断积极地认识自

---

[1] 作者：庞晓斯，清华大学 2012 级本科生。

己、完善自己，微笑着勇敢地对待每一天，我很喜欢现在的自己，你也一定会喜欢这样的我。

记得20岁的你站在大三升大四的路口，依旧迷茫着保研还是出国，你向往在一个全新的国度、一个完全刷新的世界里独自拼搏的生活，却担忧给不富裕的家庭带来沉重的经济负担。每次假期回家，看见爸爸妈妈新增的白发和疲惫的面容，你总觉得自己应该打消出国的念头。你大学本科的专业前景不错，但枯燥的课程却让你感受不到一丝快乐，你意识到自己的兴趣点不在这里，你想要研究生换一个专业，却又担忧自己因此放弃了一条坦途，从零开始的学习会让自己远不及他人。大三快结束的时候，你想，我也许就是在国内继续读这个专业的研究生了吧，读研之后再转行，以后再找机会出国生活，就这样吧。你在心里这么嘱咐自己的时候，一瞬间像老了几十岁，暮气沉沉。可是啊，一直以来，在周围人的眼中，你是一个对世界怀有太多好奇的女孩，不喜欢一成不变的生活，总寻思着把每一天过得有意思，你怎么会容忍自己待在同一个地方、学同一样东西、说同一种语言、走同一条路？已经四年了，还要再加上三年吗？

终于，在一个失眠的晚上，你决定不再患得患失、不再杞人忧天，你决定放弃本校保研，背水一战。你就像被点燃的火焰，熊熊燃烧。大三的暑假，你重拾曾经学过的德语，报了三个月后的德福考试，同时搜集德国各高校研究生项目、奖学金项目的信息。整个大四上学期，你的生活充满着干劲，每天早上你一遍遍地告诉自己"我一定能够到德国念研究生"，你愈发地自信。欧洲的大学申请时间较晚，你最终完成了所有申请工作。大四临近尾声时，你收到了梦寐以求的录取通知书，你疯狂地叫喊，喜极而泣，你从来没有这么发自内心地高兴过。你突然间觉得，世间所有事情，只要你下定决心去做，都能够做到。那一年，你21岁。

很快，你就站在那片土地上了，你到了德国后一边打工一边念书，德国大学免学费，加上自己挣来的钱，你没花家里多少钱。读着感兴趣的专业，你开始觉得课本比小说、电影更好看，你觉得学习的时光太过美好。两三年间，你利用周末和假期，带上自己的画笔和相机，把欧洲游了个遍，画功和摄影技术也愈发地成熟。德国的空气很好，一直喜欢运动的你终于不用因雾霾而取消锻炼计划，你坚持长跑，想参加全程马拉松。你还在坚持记日记，这个高中时中断、大一时又拾起的习惯，是你内心最隐秘的一片花园。大一那年，你给日记起名"日记宝宝"，每天用思绪喂养它，它也在不断反哺你，它让你找回每一个曾经的自己，它让你觉得每一寸的时光都不是留白，都有意义。你仍然喜欢读书，喜欢写些文章和诗词，你明白生命中能够这样静心读书写作的时光着实不多，所以一直很珍惜。研究生毕业那年，你出版了自己的第一本书，举办了自己的第一次摄影与绘画作品展，记录这几年生活的思考与旅途的风景。作品的反响有好有坏，你都欣然接受，你知道自己还年轻，未来还很长。那一年，你24岁。

在周围的人都以为你会开始工作，无论是在国外还是国内时，你却选择了去非洲做一年的志愿者。非洲贫困、闭塞、环境恶劣、炽热、治安不佳、传染病多发，面对着亲友的不解和劝说，你只是笑笑，说只是有些想做的事情还没有做，怕以后没有机会了。你知道知识与希望对于一个处在这样环境中的人来说意味着什么，特别是孩子。身为一个得到太多的人，你觉得自己必须做些什么。最终，你还是去了。刚离开欧洲的繁华时尚，转眼间你就面临着非洲的满目贫瘠。那一年，你看到了许多破败的房屋和所知甚少的孩子，你发起善款募集，帮助当地人改善生活条件；你给孩子们上课，告诉他们外面的世界；你用自己的笔和相机，记录下这片土地上真实发生的故事；你不断地号召、帮助更多的志愿者来到这里。你希望自己是一颗种子，使命是让这块贫瘠的土地长出绿芽。你并不是拿爸妈辛苦挣的钱不当回事，而是愿意少吃点好的、少穿点好的，去帮助那些需要帮助的人。即使有人说你的努力就像是蜻蜓一般在贫困落后的国家轻轻地点了一下水，可你真的希望这样一阵涟漪能够为这摊水带去一点生机。那一年，你25岁。

你想家了，你想回到爸妈身边了，于是你终于决定回国工作了。离开了才四年，却像已经过了好多年。身为职场新人，你从公司的最底层开始做起。朝九晚五的工作时间，你努力工作、学习前辈的经验；下班后，你回到自己租的房子，给自己做饭。一个人住，你有点孤单，于是养了一只从小就想拥有的边境牧羊犬，饭后你带着它散步，迎着晚风给爸妈打电话，告诉他们，你爱他们。之后你回到屋里，坐在桌前，阅读、写作、记日记，兴起时对着家里的花草画画。然后你做家务、洗漱，和这一天说再见。第二天早晨你早早醒来，牵着你的狗狗，到附近的公园里晨跑。跑到累时，你回房给自己和狗狗做一份健康的早餐，然后前往公司开始一天的工作。周末你回到家中看望爸妈，和他们聊你所有的心里话，拿出你的照片和画，给他们讲你像故事一样精彩的经历。现在，你在公司已经工作了5年了，你的薪水和职位已经升了好几次，工作也更加娴熟。你的爱好还是那几样，阅读、写作、摄影、画画，当然还有跑步。虽然不多，但是你认为，一直坚持很久的话，应该是一件很酷的事情吧。这一年，你30岁，这个未来的你就是此刻的我。

2015年的那个20岁的我，不知道这样的一个30岁的我，你喜欢吗？我有没有成为你喜欢的样子？我没有让你失望吧？

20岁的我，我把这些告诉你，只是想提醒一下那个曾经迷茫、不够勇敢的我：你现在想做什么，就去做吧，遵从内心的原动力，不要被你周围的人与事所定义，只有你才知道自己是怎样的一个人，向往的是怎样的一种生活，别人再光鲜再成功，也不能给你借鉴与参考。只要你脚踏实地地去努力，只要你取悦了自己，世界就会向你微笑。

要知道，幸福在于理性而充满热情地生活。

要知道，美好的事情终会发生。

下面这封信是处于第二迷茫期的Sunny"写给未来的自己"的信：

写给50岁的自己

50岁的Sunny：

你还好吗？

我现在坐在香山脚下的雕刻时光咖啡馆给你写这封信。太阳从明亮的窗户照进来，阳光洒落了半屋，猫咪趴在凳子上慵懒地伸着爪子，呼呼睡着。此刻的我，心情如湖水般宁静。在这宁静中，想和你隔空打个招呼，看看十年后的自己是否一切安好。

好想看看你在做什么，我敢肯定的是，你一定不是在过早九晚五的生活，这不符合你自由自在的个性。很有可能你在做你喜欢的事，这件事也许收入不是那么丰厚，但一定是被人尊重的；也许不能用到你所有的能力、经验，但一定是对别人有帮助、对社会有价值的；也许不像很多50岁女人一样悠闲，但你一定可以感受到忙碌带来的快乐。也许皱纹已经爬上你的眼角、额头，但你依然保持着好身材，有着漂亮的腰线，有着灿烂的笑容；也许你也像同龄人一样关注健康，但你绝不会出现在广场舞、暴走团里，估计你在健身房、在雾灵山、在读书会。你不会只守着老公和孩子，不会只围着锅台转，你们三个人做各自喜欢的事，那么多闺蜜和你一起策划着下一个旅行呢。

自由、有用、被尊重、助人、快乐、活力，是你未来生命的主旋律。

今天的我怎么做才能让这样的主旋律唱响呢？

强化一项能做一辈子的技能，多老都不用担心被淘汰，越老越值钱，做个咨询顾问似乎比较靠谱：人力资源专业咨询最容易成为可能，领导力、如测评、猎头、职业发展、劳动法律等咨询；心理咨询也有可能；孩子教育咨询似乎也不是不可能；夫妻关系咨询就算了，因为我不喜欢家长里短。这么一想，似乎与职场相关的咨询更能发挥优势。

参加一个健身俱乐部、一个读书会，结交一些驴友，维护好和自己有同样价值观、风格、爱好、背景相仿的闺蜜：乐观豁达，既爱吃又爱闹，既爱读书又爱折腾，温柔懂事，知识广博但绝不八卦，最重要的是聪明而又善良，当然还要个个形象美好——我怎么选择朋友的标准这么高呢？！因为我坚信，世界很大又很小，我选择和喜欢的人在一起浪费光阴。

Sunny，我相信自己，更相信你。

写到这里，天色不早了，这半日清闲也结束了。明天，我就开始为离你更近做准备了。梅子，你要给我加油呀，我要是偷懒了，你就写封信督促我，将我晃醒。

Sunny，照顾好自己，静静地等着我的到来。我要让你成为温暖、优雅、有活力的女人，这与年龄无关、与皱纹无关，你将永远生如夏花，虽然你也终将有静若秋叶的一天。

40 岁的 Sunny

在完成这次跨越时空的对话后，我和他们通常有如下对话：

问：写信的过程中，你的头脑里有没有画面感，有什么感觉或者情绪？

答：好像画面从开始的模糊，逐渐一点点清晰，把自己置身于那个画面中，能体验到内心的变化，甚至有些激动，仿佛是真的一样。

问：在画面清晰之后，你的想法与此前相比，有什么变化？

答：有紧迫感了，需要把这些画面落地，有了制订行动计划的动力。

想象到未来的样子，你就可以走在路上了。这是一个自我发现的过程，是一次心灵之旅。

跟随下面的指导语一起进入"我"的世界：

（1）当在……时候，我会感觉自己最棒、最有成就感：
_____

（2）当在……时候，我会感觉最糟糕：
_____

（3）我热爱工作中的哪一部分？它给我带来……
_____

（4）我特别期待发挥自己在……方面的才能和天赋。
_____

（5）如果时间和资源允许，我将选择去……
_____

（6）我喜欢的生活方式是……
_____

（7）我想成为这样的人……
_____

（8）我将会带给他人的贡献和价值是……
_____

我是在 2009 年接受系统职业生涯管理培训的。当时，我对职业愿景（career vision）这一概念既陌生又好奇。看着我的女上司当年 50 多岁还神采奕奕,因工作需要全球飞而且不知疲惫的样子,突然间触动了我,看来我50多岁也还可以做这样的工作。终于,我写下了自己职业愿景:

我要发挥自己在咨询、辅导和讲课方面的优势。理想的角色是成为您最值得信赖的职业成长舞伴,通过专业的沟通与辅导帮助您提升职业幸福感。这与我的"独立自主""专业发展""尊重认可""帮助他人"和"自我实现"的价值观是一致的。

现在,开始写下你的职业愿景,为自己的未来找寻心灵共语的支柱。
如果你已经完成了前面的自我评估,那么持续十分钟,不要停顿。
如果想不出任何东西,就让笔不停地画来画去,直到脑海中有灵感为止。
不用担心写的好不好,最重要的是将想法写下来。
按照图1-9的提示,形成你的职业愿景。

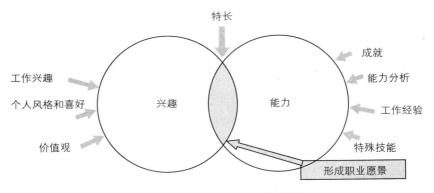

图1-9 兴趣、能力与职业愿景

案例

职业愿景1

我要发挥自己在咨询、辅导和讲课方面的优势。理想的工作是为遭受遗弃的儿童创造一个和谐、支持和赞赏的环境。这与我的"帮助他人""自我实现""专业发展与成就"等价值观相符。

> **职业愿景 2**
>
> 　　我希望发挥我在系统设计、组织实施和问题解决方面的优势。理想的工作是通过相关的 IT 流程建立或改进高效的物流系统,最终实现高效率。我希望在一个要求注重细节、耐心和品质的环境中工作。
>
> 　　未来的工作应符合我"专业发展""授权和独立性""工作和生活平衡"的价值观。
>
> **职业愿景 3**
>
> 　　我希望发挥自己在流程管理、流程再造、变革管理和项目管理等方面的优势,成为服务和客户解决方案领域的专业人士,在一个强调团队精神的环境中工作。这与我"帮助他人""团队合作"和"成就感"等价值观相匹配。

现在,写下我的职业愿景:

我希望发挥自己在_____、_____、_____、_____、_____等方面的优势。理想的工作是成为_____、_____、_____,我希望在_____、_____、_____的环境中工作,这与我的_____、_____、_____等工作价值观是一致的。

　　愿景的实现不是一蹴而就的,这中间需要达成一个一个目标,包括短期目标和长期目标。现在,开始写下你的目标。

短期职业目标(3 年以内):

长期职业目标(5 年左右):

如何确保你的目标是可以实现的？你的目标要符合 SMART 原则：

Specific	具体的
Measurable	可衡量的
Achieved	可以实现的
Result-oriented	结果导向的
Time-bounded	有时间限制的

例如：

"我要上学，提高自己的学历。"（这并不是一个目标，而是口号）

"我要在北京一流院校上学！"（这有点方向，但还不清晰）

"我要从现在开始准备考试、面试，争取今年9月份考取清华、北大或对外经贸大学全日制MBA，通过学习全面提升我的系统思维能力、管理能力和国际化视野。"（这就很清楚了）

目标越清晰、越具体化，你实现的欲望越强烈，实现后的成就感也就越强。

目标始于行动。有了清晰的目标，那么，从现在开始，用笔写下你的行动计划，目标离你就越来越近。

我们每个人都有惰性。为了使目标如期实现，除了自我管理之外，还需要有一个监控人，相互约束，彼此支持。

〔Tips〕

> 职业目标要关注在自己可以管理、控制的部分。
>
> 提升能力是最为可控的，而升职加薪等主动权不在自己手上，因此建议不要把其当成职业目标。但你可以为升职加薪所需要的条件做准备。当机会来临的时候，确保你已经准备好了。

※结束语

向内看往往是最复杂的,也是需要终生持续探索的。

但也只有了解了"我是谁",才能更好地评估什么才是最适合自己的、是自己最需要的。

也只有了解了"我是谁",才能在向外看的过程中、在寻找工作机会的过程中,"瞄准方向",找到自己的定位。

向外看：探索工作世界

了解了"我是谁",下一步
"我去哪儿"?
外面的世界是怎样的?
哪个行业、平台、职业,是最好的选择?

我经常接到这样的咨询：

（1）我在制造行业工作，收入太少，很难转行，老师您说怎么办？

（2）老师，我在互联网公司工作，收入高，可加班太多，节奏太快，您说怎么办？

（3）现在有个初创公司的机会，前景不错，可是薪酬太低，我去不去？

（4）有个零售企业机会，我知道这样的企业整体形势不好，可是对方开出的薪水诱人，您说我去不去？

（5）销售岗位可以做吗？有什么发展机会？

（6）我要不要做经理？做管理是不是必经之路？

（7）我50岁了，还能在公司里打工多久？想考心理咨询师晚不晚？

……

要回答这些问题，我们且先别落到具体的问题上，而是用如图2-1所示的一个漏斗来思考，按照从宏观到微观的原则，顺序考虑如下五个因素：

图2-1 思考漏斗

（1）行业：处在不同生命周期中的行业，对职业发展有什么利弊？

（2）企业生态圈：政治、经济、技术和社会因素对企业的影响，及与职业发展的关系如何？

（3）企业类型：国企、民企、外企等不同类型企业对职业发展的机会是什么？

（4）职业：Job Family（职业族群）包括哪些？

（5）职位：岗位层级的发展与选择，该如何考虑？

按思考漏斗考虑到职位时，我们还需要考虑两个重要的环境因素（见图 2-2）：

（1）与你密切相关的上级。

（2）你要加入的企业的文化。

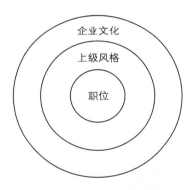

图 2-2　影响职位的两个重要的环境因素

这时，我们还要考虑一下个人生产力，即，看看投入产出比：

$$个人生产力 = \frac{产出}{投入}$$

产出包括：显性产出，即工资、福利补贴、股票、期权等；隐性产出，即能力提升、市场价值、品牌效应等。

投入包括：时间、精力、技能等。

毫无疑问，在同等投入的基础上，个人生产力值越大越好。

经过上述这样的分析，对外部的职业世界应该有更全面、更理智、更清晰的认识，做出职业决策时也能更加坚定。

看行业：小手机，大世界

让我们来看看图 2-3。

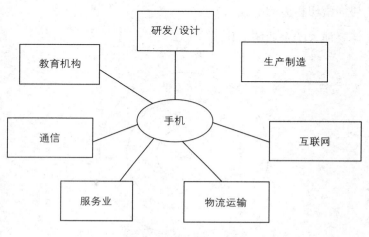

图 2-3　手机的工作链

你也许会惊讶在一部小小的手机里竟蕴含着巨大的工作世界。

行业包括：

研发：

·研究院（高校）、设计公司

生产：

·生产制造业（手机生产商、配件生产商）

·造纸业（手机包装盒、说明书）

·化工行业（手机壳、手机包装套原料来源于化工产品，如石油提炼物）

运输：

·物流运输业（手机从工厂到进入专卖店（线上、线下），再到客户，要经过汽车、轮船、飞机等运输）

销售：

- 批发零售、贸易业（批发商、零售、贸易）
- 金融服务业（手机话费支付、银行、风险投资、信用卡业务、众筹等）
- 媒体广告业（电视广告、电梯广告、网络广告、广播等）
- IT 互联网（电子商务）

售后服务：

- 服务业（互联网服务、呼叫中心、维修站）

通信支持

- 电信运营商（如中国移动、中国电信、中国联通等）

内容提供

- 手机的各种增值服务，如酒店、娱乐、餐饮、运动、游戏、词典等
- 移动互联网相关的产业

除此之外，还有很多不同的行业。

选择职业前，首先要选择行业。选择不同的行业，其实是选择了不同的生活方式。

雷军有句名言："站在风口上，猪也能飞起来。"联系到职业发展，我们可以说："在快速成长的行业，每个人都有发展的可能。"可见，行业对于职业发展是至关重要的。

四类行业

曙光行业：不确定性

我曾经在呼伦贝尔草原看日出。第一天，我早早爬到山上，天边一片红霞，正在我欢呼雀跃，等着太阳出来时，忽然一片厚重的云彩压过来，太阳公公躲在云层后面怎么等都不出来。第二天，我不甘心，又早早爬出来，太阳仿佛和我开玩笑，和昨天的景象恰恰相反：本来是大片的云彩，正担心又

看不到日出，忽然太阳跳出云层，光彩夺目！

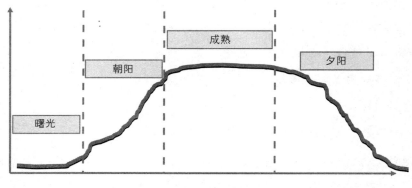

图 2-4　行业曲线

这就是曙光行业：可能一飞冲天，也可能"没有可能"。所以说，曙光行业在有更多可能性的同时，也面临更大的不确定性。

当互联网行业还没有几个人，百度只有几十个人时，你会加入这家公司吗？

朝阳行业：快速成长

如果说到朝阳行业，大家头脑中闪出来的多半是互联网行业，特别是移动互联网。每天都有新的互联网公司产生，每天都有人一夜暴富。互联网的确让很多创业者梦想成真。

如果你晚上9点以后到上地的百度大厦，到阿里巴巴、京东、滴滴……这些耳熟能详的互联网公司，看到的一定是灯火通明。

行业的快速成长带来快速的变化，给员工带来更多的职业机会和成长空间，当然也带来鼓囊囊的钱袋子，同时伴随着巨大的工作压力。

成长着、痛着，也快乐着！

成熟行业：四平八稳

我们曾经为一家能源行业的企业员工提供职业发展辅导。办公室里，员工显得轻松自在，一切有条不紊。而我们辅导的不少员工，在这家公司已工作多年，但问及过往成就时，"想不起来"，大家都这么说，"按照公司流程工作，没什么业绩可言"。

成熟行业，往往稳健有余而激情不足，仿佛四十不惑的中年人。

夕阳行业：夜幕降临

随着技术的进步和互联网行业的爆炸式发展，传统行业受到了强烈的冲击，比如传统电子行业，黑莓的销声匿迹、诺基亚帝国大厦的轰然倒塌，都令人唏嘘不已。走进这类企业，你可以感受到失落的氛围，或带着些许凄凉。你眼看着太阳落山，夜幕降临，又深感无力。"覆巢之下，焉有完卵？"

然而，因为每个人的工作价值观不同，因此不是每个人都适合"站在风口"。不同行业适合有不同价值观的人，每个人都可以找到自己的位置（见表2-1）。

表2-1　不同发展阶段的行业与职业发展

发展阶段	企业典型特征	职业利好	职业利空	典型行业
初创期"曙光"	市场培育期；企业规模不大、流动率高；从业人员少；盈利模式不明朗，经营风险大；生存重于管理	发挥创造性；如果公司发展好，有很大的职业发展空间可能有股票或期权	无章可循；加班多；现金性薪酬不高；职业风险大	新能源、环保（垃圾处理）、新材料
成长期"朝阳"	市场快速发展期；企业规模迅速扩大；从业人员多、流动性大；盈利模式明朗；市场竞争激烈；抗风险能力提高；变化多；开始重视管理	发展机会多；能力大幅提升；人才市场活跃，工作机会多；薪酬高	加班多；工作压力大；对家庭照顾少	互联网，特别是移动互联网相关的领域；与互联网应用相关的硬件设备，如可穿戴设备

续表

发展阶段	企业典型特征	职业利好	职业利空	典型行业
成熟期"午后"	市场发展平台期；发展稳定但迟缓；人员规模及流动性区域稳定；管理成熟，流程化	稳健发展；工作和生活相对平衡；工作有章可循待遇良好	能力提升放缓；发展空间和机会有限；发挥创造性的机会减少；变成"温水青蛙"的可能性增大	快速消费品、制造、交通、能源
衰退期"夕阳"	市场形势不容乐观；人才需求减少、流动性增加；经营压力大；生存再次重于管理	工作量减少	缺乏成长机会；面临减薪风险；失业风险大	零售、传统百货、邮政等

负责任地讲，人在选择行业的时候，要看个性，有的人可能对有些行业有"过敏反应"。

谨慎选择四类行业

曙光行业，胆小者慎入

> **案例**
>
> 记得在 2012 年，那时团购行业非常不成熟，市场一片混战，仿佛在一片大雾之中。有个求职者叫 Rick，孩子只有一两岁，全家靠他一人养活，一家团购企业给他发出了待遇不错的 offer，他有些犹豫，便问我的想法。那时候这个公司每月亏损几千万，依然不能进入行业前三名。他征求我意见那天，正值该公司在美国路演，我坦诚地告诉他我的判断：路演不会成功，一旦路演失败，公司将在经济上遭遇窘境。他惊讶地问我："今天他们在路演，为什么你这么判

断呢？"我说："作为一个普通人，我不会把钱投给在这么不明朗的行业中还进不了前三的公司，看不到赢利希望，还每天烧钱无度。"实在不好意思，真让我说中了：这个公司路演一半就停了下来，因为投资者不买账。Rick 出于安全需要，进入了相对稳健的大门户网站。

后来的故事大家就知道了，美团日益壮大，大众点评紧随其后，糯米被百度收购，小团购公司尸横遍野。

朝阳行业，怕吃苦者慎入

我曾辅导过一些成熟行业的外企员工，他们以前的工作基本是朝九晚五，很少加班，下班后进入家庭生活状态，很少接听工作电话，工作节奏比较缓慢。进入一家发展非常快的企业工作后，他们非常不适应，"711"（早晨7点上班，晚上11点下班）的上班模式，即使下班，手机也处于24小时开机待命状态，因此觉得特别辛苦，半年后就适应不了，又回到成熟行业。而这家朝阳企业三年后即在美国上市，同级别的员工都拿到了数量可观的股票。

因此，如果进入朝阳行业，就要做好吃苦的准备。

成熟行业，耐不住寂寞者慎入

小颖大学毕业后进入一家石油公司，这家公司发展稳健，待遇好，离职率特别低，老员工多。要想升职、加薪甚至转岗，必须"熬"。小颖在一个岗位上工作十年后，终于升任部门经理。

进入成熟行业，你做好"熬"的准备了吗？

夕阳行业，没家底者慎入

所谓家底，包括工作能力和经济基础。

> **案例**
>
> Nancy是一位有着知名企业十年工作经验的HR经理，在N公司有"裁员传闻"时她加盟。她任职的两年，负责处理组织变革的人力资源管理工作，她在帮助公司关闭清算、送走所有员工后离开公司，又重新开始职业旅程。
>
> 我后来问她："你后悔这个选择吗？"Nancy一脸轻松，笑着说："我一点都不后悔，因为这恰恰给了我锻炼和成长的机会。"在N公司，她补充了过往工作中缺乏的组织变革经历的部分，接触到了不曾接触过的裁员问题，提升了在压力状态下处理疑难问题的能力。
>
> Nancy当初进入这家公司时，对自己是有信心的：第一，有能力做保障，再找到一份好工作不是问题；第二，有经济保障，不仅有积蓄，而且没有买房、买车和养孩子等经济压力。

看企业生态圈

任何企业都不是孤立存在的，它一定受外界环境的影响。这些环境，就是企业的生态圈。而企业生态圈的好坏，对职业的影响是直接的。

这些环境因素包括政治环境P（political environments）、经济环境E（economic conditions）、技术环境T（technical environments）、社会环境S（socio-cultural environments），简称PETS（见图2-5）。每一项变动都会直接影响企业的生存状态。

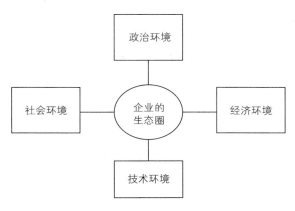

图 2-5　企业生态圈

去哪儿网 CEO 庄辰超曾说过他为什么选择旅游行业：受政策影响少。无论政治环境、经济环境、社会环境发生什么变化，都缺不了旅游，况且北京的技术环境良好，有大量的技术及人才储备。

你看，具有战略性思维的 CEO 就是用 PETS 模型的思路和生态圈的概念来思考问题的。

看企业类别：国企、外企、民企，你去哪儿

互联网公司很多创始人、CEO、高管都有外企工作经验或海外留学背景。我曾经为一家互联网公司访寻人力资源副总裁，CEO（曾在 IBM 工作过）提出这个候选人必须有外企工作经验，受过良好的职业训练。后来，我成功帮助这家公司找到了合适的人选。近几年，从外企到民企，特别是朝阳行业的民企，这种选才标准似乎成了一种趋势。外企的职业经理们在以更加开放的态度看待民企，当然，适应中的痛苦是不可避免的。

我也曾帮助一个大型国企集团的六大业务板块访寻 CIO（首席信息官）。这个国企要求候选人是从外企来的。后来我完成了三个板块的招聘。这些

CIO 们适应了不短的时间,其中一个人因为一直不适应,一年后就离职了。现在想起这件事,心里还不是滋味。

> **案例**
>
> Rita 毕业于北京知名学府,语言文学硕士,毕业后考取公务员,进入人人羡慕的税务机关。工作三年之后,她不顾家人的反对,经朋友介绍到了一民营培训机构做国学老师,当起了"孩子王"。我问她:"为什么会放弃那么好的机会?"她说:"我不喜欢机关的文化环境,不喜欢按部就班的生活,我喜欢分享,喜欢教学,喜欢和孩子在一起,做自己想做的事情,这带给我无限的快乐!"
>
> Ray 在外企工作 22 年,在 IT 行业从事项目管理工作,积累了丰富的经验。职业转型期,不想再过朝九晚五的生活,经朋友介绍,来到一家创业不久的咖啡厅,老板对他非常信任,由他全权负责咖啡厅整体的运营,他觉得特别有激情、有活力,因为能影响更多的人。
>
> Holly 在外企十多年,后转型到民企,负责市场销售部门的管理工作。专业化、流程化、系统化的管理风格在这家民企很快就见效了,业绩得到了迅猛的发展,个人的声望也在这个组织内得到极大的提升。

企业类别没有好坏之分,各有各的不同,不能随意贴一个标签,之所以列出表 2-2,只是让你对不同类别有粗略的认识而已。

随着国企越来越市场化和外企人不断涌入民企,不同类别企业间的差异越来越小。国企变得不那么悠闲,外企的人际关系也没那么简单了,民企的管理则更加完善。

总之,能力强、情商高的人,在哪里都可以得到很好的发展。

表2-2 企业类别与职场状况

	国企	外企	民企
职业发展	排队	职责清晰 专业性要求高	规矩少，自由度大
人际关系	较为复杂	相对简单	受老板风格影响，通常业绩好是硬道理
薪酬福利	安稳 福利完善	完善 规范	灵活

看职业：说说 Job Family

如上一章图1-6所示，在不同象限中有不同的职位类别，这些职位类别又叫职业族群（job family）。相同的职业族群，对人的能力、性格的要求基本相同，而在同一象限中的不同职业族群，能力、性格也有相似或相近之处。每个职业族群中又有不同的职能，对人的能力要求也有所差异。图2-6是销售类岗位的族群示意图。

类似的族群还有很多，比如：

人力资源类：包括人力资源规划、薪酬与福利、培训与开发、招聘与配置、绩效管理、员工关系等，以及人力资源业务伙伴。

市场营销类：包括政府关系、媒体关系、品牌管理、产品营销、市场活动。

物流管理类：包括直接材料采购、间接材料采购、运输调度、库存管理等。

……

不同行业、不同企业，职业族群的分类和要求会有所不同，需要自己去亲自体验和探索（详见后面的章节）。

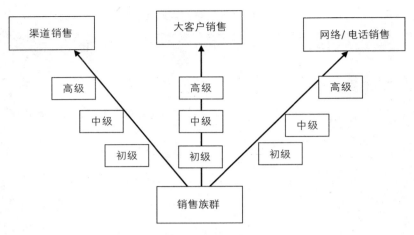

图 2-6　销售类岗位的族群

> **案例**
>
> Wendy 做了一年的行政秘书工作后，觉得工作没有意义，没有挑战。她说自己想做市场。我问她，在她的概念中，市场工作的定义是什么？市场部门往往分成市场策划、市场调查、市场活动组织协调、市场推广，什么是你想做的工作呢？
>
> 在咨询过程中，按照上述的思路，她说：
>
> ·我喜欢和人打交道的工作。
>
> ·我喜欢组织各种各样的活动，上大学时我曾担任组织委员，挺有成就感的。
>
> ·我喜欢变化，喜欢不停地接受新鲜事物。
>
> ·我喜欢把我的想法推销给别人，让别人接受我的想法。
>
> 在进行职业访谈后，最终她将自己定位在市场活动专员这个职位上，负责组织策划各种市场活动。

看职位：梯子和格子架

Facebook 首席运营官谢丽尔·桑德伯格（Sheryl Sandberg）在《向前一步》（*Lean in for Graduates*）中说："今天的职场，不再是向上爬的梯子，而是格子架。"直梯，只能是一条向上的路，所谓"自古华山一条路"，无论是管理线还是专业线，直梯的概念让职业发展的道理变得狭窄。

如图 2-7 所示，每一个格子就是一个职位。

如果你能看清职位在格子架中所处的位置，你就能明白，你的职业发展有很多可能：你可以沿着一个职业类别向上攀升，也可以向左或向右平行转换职业类别；如果机会好，你还可以向斜上方转换；当然，你可以听从自己的心意转换一条轨道，只要你愿意，降一个级别也未尝不可。

李开复说："成长不仅是职位上的晋升，也应该纵向拓展、积累经验。"

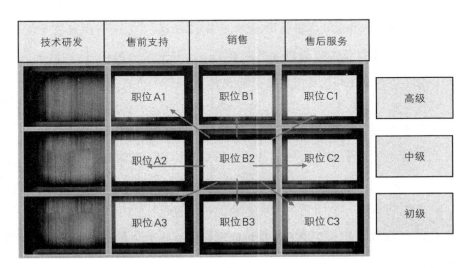

图 2-7

看同事：年龄差，多大合适

做职业选择时，企业员工的平均年龄和你的年龄相差多大，你会觉得舒适？

案例

> 在30岁的时候，Lily加入了A公司从事市场工作，那时企业处于快速成长期，员工平均年龄大约27岁。在A公司做了8年后，由于人员流动和企业每年大量招聘新人，员工的平均年龄仍只有28岁，Lily却成了部门里的"前三甲"，面对比自己小十来岁的同事，Lily感到不舒服。经过思考，她跳槽到了一家咨询公司，开始了顾问生涯。这里平均年龄35岁，她又找到了自己"年轻"时的感觉。咨询过程中，因为过往的经历、资历得到了充分发挥，尤其在面对高管客户时，Lily快速征服了"对顾问不屑一顾"的老总，成为客户最为信赖的顾问。客户常常对项目经理说："项目小组里有Lily在，我就放心了，你们应该多派些Lily这样资深的顾问。"在这里，年龄不再困扰Lily，反而成了她的优势。

你是不是也遇到过同样的情况？如果你是Lily，你会如何做选择？

当企业员工的平均年龄和自己的年龄差距特别大的时候，要么调适，要么离开。

（1）先问自己一个问题：我在企业的价值是什么？年龄增长，体力、精力、热情度都在降低，工作的独特价值没有体现，如果你是老板，你会做什么样的选择？

（2）当一批批应届毕业生加入，你被叫着"阿姨""大叔"时，你的感受如何？

（3）接着问自己：我最想要的是什么？这个平台是否满足我内心最想要的？如果是，我如何让自己内心"年轻、青春"起来？如果不是，我有哪些选择？我要为转换频道做哪些准备？

（4）当我们的年龄不再是优势的时候，如何持续提升自己的竞争力，让自己的价值不断增值、无可替代？

年龄舒适模型1：如果你入职时比公司年龄小，如图2-8所示，找到自己的舒适区。

年龄舒适模型2：如果你入职时比公司年龄大，如图2-9所示，找到自己的舒适区。

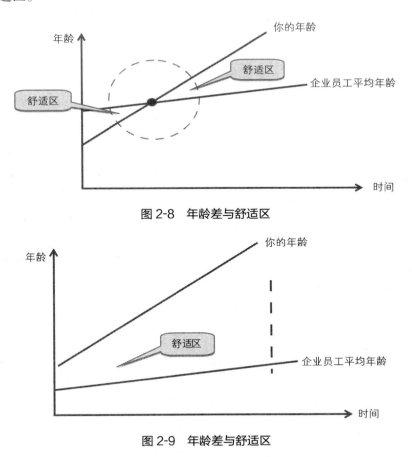

图 2-8　年龄差与舒适区

图 2-9　年龄差与舒适区

每个人的年龄差和舒适区都是不同的。

看年龄差的意义，是让你能这样思考：别卖萌，也别倚老卖老，无论多大年龄，都展现自己独特的价值，让年龄成为优势，而不是负担！

职业体验，让感觉落地

在某名校流行这样一句话：一流学生进投行，二流学生进四大，三流学生进外企。在这样一个"魔咒"的驱使下，该名校经管学院毕业生Helen挤进了著名的投行。进去后她发现这份工作和自己想象的完全不一样。在坚持三年后，她依然感受不到快乐。

某学校老师告诉同学们：毕业后五年内可以多跳槽，适应不同的职位，找到自己的方向后再做下去。Henry五年内换了五个工作：销售、工程、采购、产品、技术。五年后再换工作时，发出简历竟然得不到一个面试机会。

无论是Helen还是Henry，都是凭着感觉去工作，而感觉往往并不靠谱。

工作多年后，有些人想转型，觉得某个工作不错，于是一猛子扎进去，却发现和当时的想象有出入，再转型就更加困难了。在我咨询的过程中经常遇到类似的案例：凭感觉贸然决策。请切记：

职业生涯是不可以倒带或者格式化的，在做决定前要去体验和探索，把感觉落地，走好职业发展的每一步。

体验，分为间接体验和直接体验（见图2-10），而体验的前提是对自己有一定的了解（请参见第1章中关于职业坐标的内容）。不要盲目体验，不然你就是在浪费时间、浪费精力。

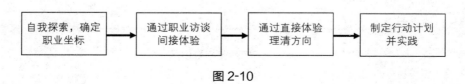

图 2-10

通过职业访谈间接体验

职业访谈不同于聊天,你要带着目的和结构性问题进行访谈。

职业访谈仿佛是你通过"过来人"的带领,穿越到他的工作环境,在他的工作场景里走一趟。

那么,如何进行职业访谈?

访谈谁

你可要访谈如图2-11所示的几类人:

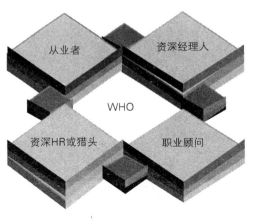

图2-11 访谈的对象

(1)从业者。即在这个岗位上持续工作3~5年,且取得了一定的成绩的。这类人对过往的感受记忆一般较为清晰,向你表达的内容更加真实可信。不要去找一个业绩不好的人,他会给你带来太多的负面信息,影响你的判断。

(2)资深经理人。让你站在更高的视角去看待这个职业,让你看得更高。

(3)资深HR、猎头和职业顾问。他们更了解人才市场的情况,让你站着市场以及未来的角度去看待这个职业,帮你看得更远。

这些访谈对象,通常是朋友推荐或者有一定关系的人,很少有陌生人会愿意接受这样的访谈。

访谈几个人

那要看你的资源。如果资源丰富，一个职业访谈三人左右，这样能更加全面、客观，减少认知偏差。

访谈的时间和形式

访谈最好是面对面，这样你不仅了解对方说话的内容，更容易直观了解他的精神状态、风格和感受，在你的头脑中也会有更加"具象"的职业形象。同时，也会有更多的互动和情感连接，为今后建立持久的关系创造条件。

访谈时间控制在30分钟左右，以尊重对方的宝贵时间，除非对方喜欢你，愿意多聊一些。

让对方选择见面的具体时间和地点。如果在咖啡馆，请记住：做个懂事的人，为对方买一杯咖啡或茶。

访谈离开之后，当天或第二天，以短信、微信或邮件等形式向对方表达感谢。

工作确定后，告知对方你的选择，并表示感谢。

这是职场基本礼仪——感激和尊重给你提供帮助的人。

访谈前做哪些准备

请打印一份简历，如果需要，或许能派上用场。

像赴约或面试一样，请打扮得体，给对方良好的第一印象。

请提前到达见面地点，别让对方等你。

怎么访谈

想在有限的时间内交流效果最大化，你提问题的能力就非常关键。最重要的是，明确你访谈的目标，提前做好准备。表2-3是一个可以参考的访谈提纲。

表 2-3　职业访谈提纲

问题	目的
我很好奇，您能告诉我，标准的一天您都做些什么吗？一个月呢？一年呢？	了解岗位职责 工作场景具象化，让你更有图像感
在这个岗位工作这么多年，您最喜欢的是什么？能给我讲个让您开心的故事吗？	这个问题，会让他打开话匣子，谁都愿意说说自己风光的故事
我想，任何一个工作都有让人不喜欢的一面，什么让您有些不喜欢呢？	让他带你看看"硬币"的另一面
在市场上，这个职业的发展状况如何，比如薪酬水平、发展机会、供需情况？	从市场角度看这个职业机会
如果从事这个职业，需要具备哪些硬性条件和软性条件？具体到知识、能力、特质、素质，都有哪些要求？	看自己能否做这个岗位，找到差距在哪里
您觉得我有机会从事这个职业吗？您有什么建议吗？如果我想从事这个职业，有些什么圈子我可以加入？	找到入口和圈子
这是我的简历，如果有实习或相关的机会，麻烦帮我推荐下，可以吗？	根据情况确定是否要留下简历
谢谢您的帮助。您能否推荐一两位朋友给我？	扩大访谈圈子，建立更广泛的人际关系网络

访谈结束后做什么

发感谢信（短信或微信），保持联系，但不要过于频繁地"骚扰"。

通过访谈，做出以下判断：自己的知识、技能、特质、素质和目标岗位是什么？真正吸引你的岗位是什么？有哪些匹配性？差距是什么？

直接体验，更进一步

"要想知道梨子的味道，必须亲口尝一尝。"只有间接体验，也许还不够。如果能够有直接体验的机会，你的判断和决策会更加理性、全面。

直接体验包括几种方式：

做实习生

请注意实习不是打工。打工以挣钱为目的,实习则以体验为目的。

> **案例**
>
> Melon 在一所二本高校读英语专业,但是她不太喜欢英语,毕业后不想当编辑,也不知道自己适合做什么。于是,她考上了一线城市重点大学的研究生,学习政治学,可找工作又成了问题。在职业顾问的帮助下,她确定做与人相关的工作。于是,便利用每个假期在不同的岗位实习:某外资银行电话接线员、某高校助教、大型外企人事行政助理、对外汉语老师等。
>
> 在实习过程中,她发现最喜欢的是在高校工作,能经常接触留学生,有新鲜感,并且校园文化氛围浓厚,自己可以随时充电。临毕业,在实习期间的领导及导师的推荐下,她如愿以偿到了某高校从事教学管理工作。

做义工

在职业转型中,对于不熟悉的行业或职业,不妨花几天时间做做义工,无论对方是否付费。

> **案例**
>
> Grace 曾经是我的辅导对象。她原来在一家 IT 行业的外企做商务管理和销售工作,被动离开公司后,经人介绍认识了一家艺人经纪公司,对方诚邀其加盟做市场推广工作。Grace 对文艺圈不了解,市场推广工作也没接触过。恰逢这家公司组织一场大型活动,Grace 主动申请去做义工。在做义工的过程中,她了解了工作氛围和工作内容。

我也有多次做义工的经历。在我通过心理咨询师二级后，曾在华夏心理和林紫心理接听免费热线。在那期间，我接触了各种各样的心理问题，在提升自己能力的同时，也明确了哪个类型的咨询更适合自己。

做影子（shadow）

> **案例**
>
> Tina就做过我的shadow。我所在的合思咨询需要增加一名测评师，我把Tina推荐给公司。我做测评师时，Tina就坐在旁边静静地观察。每一个测评结束后，我打分时她也在旁边看，并发表自己的见解。几次下来，她就了解了自己是否喜欢、是否有能力做这份工作。

做学生

参加培训班是非常好的直接体验的方式。比如，在心理咨询培训班上，有些人是在职的心理咨询师，还有不少人是出于对这个职业的好奇心来学习的。这些学生课上课下有很多交流，有的甚至找到了合作伙伴，为将来做好了准备。

做客人

> **案例**
>
> 小何拿到几个公司的offer，不知道怎么选择。在我的建议下，她抽出几天时间对这几个公司进行实地走访：坐在公司员工聚集的咖啡厅喝上一杯咖啡，听听员工们在讨论什么，看看他们的精神状态；看到面善的员工，过去搭讪几句，了解更多的情况……

走进圈子

加入几个群,看看他们都聊什么;参加圈里组织的活动,认识几个圈内人士。在体验的同时,你的人际网络也在不断扩大。

行动,行动,再行动

体验后,明确了目标,现在,你要做的只有一件事:行动!

制定行动计划(见表2-4),再找个监督人,让你的感觉真正落地!

表2-4 行动计划表

差距	采取的行动	完成时间	完成标准	监督人

※结束语

第1章我们谈的是向内看,全方位地了解自己;本章我们谈的是向外看,了解在职业市场上我们可能会有哪些选择。

面对自己、面对职场,一些工具可以帮助我们更好地评估机会与客观选择,例如第7章中的职业生涯曲线、平衡轮、生活方式象限图等。

03

做选择

简历，展现的是你个人的工作经历。
你的每一步工作足迹都刻在你的履历里，
你的每一段经历都是你选择的结果，
用你的每一段成长故事，亮出你的态度。

做简历的目的是什么

我辅导的很多外企白领,在刚刚认识我时会有疑惑:简历有什么好辅导的,还需要你们这么资深的顾问帮忙?

当我对他们的简历提出修改意见后,他们才发现小简历中有大学问。

本章开始之前,不妨试着先思考这样几个问题:

问题1:什么是简历?

问题2:简历投递出去,你最希望获得的是什么?

问题3:为什么有些简历投递出去后石沉大海?

问题4:简历上哪些该写,哪些不该写?

问题5:投递简历时,要注意哪些细节?

简历的目的,一句话,就是帮助我们获取更多的面试机会。

好简历,就是张好看的"脸",颜值高,自然"约会"的机会就多。做简历的唯一目的就是:赢得面试机会。

所以,简历上写哪些、不写哪些,如何写,如何投递,如何使用,才能帮助我们获取更多的面试机会,是接下来我们要探讨的重要话题。

为何简历"石沉大海"

你是否有过简历投递出去后,石沉大海、杳无音讯的经历?

你是否知道自己的简历中有哪些"致命伤疤"?

请看这样一份简历:

个人基本信息

姓　名	Cindy Zhang	性　别	女	照片
出生日期	1982年1月14日	学　历	本　科	
民　族	汉	户　籍	陕　西	
婚姻状况	已　婚	生育状况	已　育	
毕业院校	北京××学院	专　业	英　语	
联系方式	18××29852××	邮　箱	littlebaby@gmail.com	

自我评价

我自信乐观、踏实稳重,具有强烈的上进心和责任感,乐于助人,学习和适应能力很强,有一定的组织能力和项目管理能力,能够承受一定的工作压力,有良好的沟通技巧和团队合作能力,充满正能量。

丰富的ERP使用和管理经验,能在使用中提出功能优化的合理性建议,配合相关部门研究、测试并上线。

我拥有10年工作经验,擅长合同管理、数据管理、行政事务管理,包括报价、议价、订单处理、发票管理、合同更新及售后服务。

工作经历

2004/7—2005/6　某基金会　秘书兼翻译
1. 负责公司会议资料的中英文翻译以及会议日程的安排。 2. 负责公司重要客户和外宾的接待工作。
2005/7—2007/12　新思信息技术有限公司　Sales Operation Specialist(销售业务专员)
1. 负责处理关键客户的订单、更新公司产品库存状况,以及总结和汇报订单处理情况。 2. 负责ERP系统的使用报告总结和优化建议总结,并与相关部门合作,推动新系统的开发和上线。

2008/1—2008/12　新思信息技术有限公司　Sales Operation Supervisor（销售运营主管）	
1. 负责销售支持部订单处理流程的优化、改进及管理。 2. 通过 PAI 项目，SLA、KPI 等关键指数和相关报表，在高层领导的建议和帮助下改善和提高本部门工作效率，获得较高的客户满意率。 3. 配合相关部门进行重大项目的研究、分析和推进，降低管理成本（Sales PAI, PM PAI, Purchasing PAI）。 4. 管理订单发票的查询、退货，以及付款票和收款票等其他相关业务的执行。 5. 负责本部门新人的招聘和培训、工作分配、绩效管理等。	
2009/1—2010/1　S　计算机系统（中国）有限公司　Contract Admin（合同管理）	
1. 负责公司内部硬件服务合同（internal contracts）的外包管理，带领某外包公司完成相应的外包业务培训，制定培训资料，规范培训流程，并对外包公司的业务表现能力做出评估。 2. 负责与外包团队的会议安排、会议流程制作、会议记录以及总结，并将上述信息及时汇报上级，征求其意见和指导。 3. 负责全球 OEM 客户硬件服务合同的报价，合同的生成、更新、终止，以及发票的查询。 4. 负责公司外包业务培训资料和业务流程的写作，与美国业务代表的接洽，以及业务转出后的跟踪和汇报。 5. 负责对 IBIS 系统升级版本的监督和实时跟进，总结其在升级过程中的 BUG，并通知相关人员，和他们一起讨论如何改进。	

兴趣
旅行，做他人的爱情顾问，拉丁舞，游泳，网球。

这样的简历是否似曾相识？

如果你是面试官，你会见她吗？

现在，不妨一起看看面试官不喜欢什么样的简历。

求职目标不清

每个面试官看到简历时，都想在第一时间快速看到应聘者想找什么岗位的工作。如果没有求职目标，面试官如何评价你？

教育背景有疑点

教育背景无疑是面试官关注的要素。有的候选人第一学历不是很好，于是隐藏第一学历，函授或自考的不予以说明等，但面试官从蛛丝马迹中就可以看到，这反而留下不好的印象。

职业经历的逻辑性

面试官往往想看到你最近一份工作在哪里，做什么，而不是你的第一份工作。

背景中明显或较长的空白期

面试官往往对这点都很关注，跳槽情况往往隐藏着很多信息。如果空白期超过六个月，面试官对你就会有深深的疑虑了。

过于频繁的跳槽记录，跳槽逻辑不清

在一个公司工作至少2～3年，面试官才认为是正常的。而且每次跳槽要有逻辑性，在一个职业或相关联的职业，下一份工作要比上一份工作好。频繁地跳槽，面试官必然担心你的稳定性。

只有职责没有业绩

这是最常见的错误。如果你不能展示出业绩，面试官可能会认为你在工作期间没有什么可圈可点之处，不过是一个业绩平平的员工，那面试官为什么会见你呢？

职业生涯成长趋势不清晰或缓慢

一个人的行为是具有一贯性的，成长趋势缓慢（平台、职级、工作内容等没有成长或弱成长），也许暗示着能力不够、工作动力不足、人际关系不好。

平淡如水，没有亮点

没有亮点，没有成就事件，没有"闪光时刻"的简历，面试官就没有好

奇心，就不会见你了。

长篇大论

面试官筛选简历可不是"精读"，而是"泛读"，即快速浏览，通常是扫描式阅读8秒，决定是否继续看下去。8秒钟如何抓住面试官的眼球？超过3页的简历如何突出重点？

错别字、语句不通、格式混乱

这些缺陷仿佛一个人的脸上长了一个大黑痣，"你的态度"也就都毫无遗漏地呈现出来了。

不成熟的表现

比如：用honey、baby等显得不够职业的账号做邮箱，发件人也是这类词且跟你的名字毫无关联。

口语化，过多的"我"

简历不是唠家常，也不是写小说。简历就是你个人的信息，不需要"我"字出现。

大话空话

"给我一个支点，我将撬动地球。"——你还听过比这更大的空话吗？

某些模糊动词——参与、了解

参与=掺和，了解=不熟悉，这样的词没有力量，说了跟没说似的，那还说什么呢？

过多的兴趣

你是来找工作的,还是想找娱乐的?

这样看来,Cindy Zhang 的简历投递出去为什么"石沉大海"也就有解释了,参照面试官的标准,她的简历中的问题显而易见:

(1)没有求职目标。
(2)格式不美观,标点符号不规范。
(3)邮箱不够职业。
(4)工作经历中只有职责,没有业绩。
(5)教育信息不清晰。
(6)个人兴趣与职业关联不大。
……

写简历,亮出你的态度

明白了面试官的禁忌,是不是可以写简历了?对不起,你先别忙!

如果面试官看完你的简历,头脑中出现如下图景,十之八九,你就会有面试机会了:

(1)每段工作经历都是相对稳定的。
(2)每段工作经历之间没有空当,基本是无缝连接。
(3)在每一家单位工作期间,都在不断成长。
(4)后一个工作比前一个工作有合理的成长,而不是平移或下降。
(5)成长不仅指职级的提升、薪水的增长,更是指能力的提升。
(6)岗位调整要有相关性,要么在一个职业领域,要么在相关领域。

好简历的模型如图 3-3 所示。

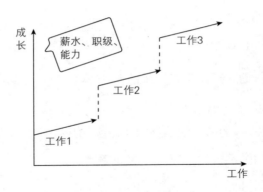

图 3-3　好简历的模型

写简历前，先请回答如下几个问题：

（1）你明确求职目标了吗？

（2）明确了求职目标，你知道这个类别岗位的核心要求是什么吗？

（3）如何突出你的匹配性？

（4）你需要准备几份简历？

明确求职目标

没有求职目标，就没法针对性地写简历；即使写了，也不会重点突出，而仅仅是"personal statement"（自我陈述），就是一副苍白的"素描"，既没有色彩，也不生动，不能登堂入室。这样的自我陈述，背后表达出的不过是："我就这样，你觉得合适就见我，不合适就拉倒。"面试官是可以感受到你这种态度的，除非你的经历确实是用人单位特别需要的，否则他们没有兴趣见你。

岗位的核心能力

明确了求职目标，首先要了解这类岗位的核心能力要求。通过什么渠道去了解呢？

（1）在万能的百度、Google 上查询。

（2）在各类招聘网站上查看广告，找到不同企业对此类岗位的共同要求。

（3）通过访谈有经验的人士，对这类岗位有更多的了解。建议至少有三个以上访谈对象，最好来自不同行业、不同企业，这样你了解的信息会更加全面、准确。

然后，你要做个比对表，具体比对项目如图3-4所示。

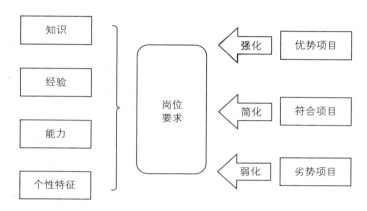

图3-4　职位比对的项目

深入了解岗位要求的四个方面：

（1）知识：教育背景、知识结构、相关证书等。

（2）经验：行业经验、岗位经验、项目经验。

（3）能力：专业能力、可迁移能力。

（4）个性特征：性格、行为风格、形象要求等。

你和岗位的匹配性

根据上面分析的岗位要求，和自己的能力一一比对，找到非常有优势的部分，在简历以及在未来面试中不断强化，这就是你的"亮点"！

对于符合项目，不必花太多的笔墨，简单写写就可以了，写多了，对于你的优势项目就成了干扰，让亮点不再成为亮点。

对于劣势项目，你清楚地知道哪里不足，私下悄悄地去寻找解决办法，用你强烈的愿望、学习能力和适应能力去弥补。

从我的经验看，面试官更倾向于录用亮点突出、缺陷不致命的候选人，而各方面平平的人往往会被弃用。

简历的架构和要素

林林总总说这么多，总算开始写简历了，简历的架构及要素如图3-5所示。

无论男女，我们看一个人大部分都是从头看起，然后从上往下看。简历也一样。

我们把简历分成三个部分：

头部：个人信息、求职目标、自我评价。

上半身：教育背景、工作经历。

下半身：主要技能、资格证书、语言能力、相关培训、兴趣爱好。

如果你应聘的是专业能力要求很高的职位，"主要技能"和"资格证书"可以放到"上半身"，让面试官一眼看到。

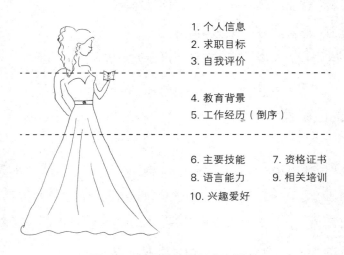

图3-5　简历的架构及十个要素

写简历的注意事项

下面是撰写简历的核心注意事项：

（1）在撰写简历之前，先想清楚希望应聘的岗位类别，了解此类岗位的胜任力及其他要求；同时，对自己的核心优势有较好的了解。

（2）撰写简历的目的是获得面试机会，而不是简单陈述，因此一定要紧紧围绕岗位要求，突出重点，避免面面俱到、平淡乏味。

（3）采取简洁的分点式，而不是大段描述，以突出重点。

（4）不用"我"或"本人"之类的主语，每个成就事件都以动词开头。

（5）要用商务语言，避免口语话。

（6）少用中英文简称，尤其是慎用行业及企业术语，尽量用对方能理解的语言。

（7）真实、可信，不要有虚假信息。

（8）不超过三页纸，建议小四或五号字（毕业生一页即可）。

（9）几个重要部分的注意事项（英文简历与中文简历结构和注意事项相同）。

基本信息

简历的基本信息包括姓名、手机号码和电子邮件。

〔Tips〕基本信息的注意事项

> 对不利于简历通过筛选的信息，可以不写。比如，年龄较大可以不写年龄、已婚未育的女生可以不写婚姻状况等。
>
> 邮箱名称不要太复杂，比如使用QQ号码（可转换为简单易记的字母）、拼写难以记忆，或者邮箱名称太不正式，如honey、baby、love等。

> 邮箱尽可能和你的名字（中文或英文名字）相关。
>
> 尽量使用本地手机号码，以方便对方联络。
>
> 照片尽量不放。如果对通过简历筛选有帮助，可以放；如果要放，尽量用职业照，避免使用艺术照或休闲照，除非对形象有特别要求的岗位。
>
> 家庭住址可以不写，如果写，具体到哪个区即可。
>
> 户口所在地，如果对你应聘的岗位（如财务）有帮助，可写；其他岗位可以不写。

求职目标

如有两个及以上的求职目标，要有不同版本的简历。在针对某个确定职位投递简历时，要根据岗位说明进行调整。

如果没有求职目标，对方不知道如何看简历，这样会降低简历通过率。

如果是针对某一公司的具体岗位的，可以写具体；如果不是，可以写大类，如：通信研发类、技术支持类等。

自我评价

自我评价的作用是引导对方看后面的详情，因此要简洁有力。

围绕岗位要求写，通常包括：知识、经验、能力和个性，突出与岗位非常匹配的部分。

采用分点式，每个要点写一两行，不要写成一大段话。

案例

> 我在写申请某德国企业高端汽车品牌测评中心人才测评师的简历时，做了如下自我评价：
>
> 职业生涯二十余年，拥有跨国公司人力资源管理和咨询工作经

验。（注：这是一家跨国公司，自然喜欢有跨国公司背景的顾问）

　　熟悉各种人才测评方法和手段，曾为汽车、银行、保险、教育等行业进行人才测评。2014 年使用 BEI 访谈、情景模拟、文件筐、无领导小组讨论等工具评估 400 余人。（注：之所以把"汽车"行业放在前面，是要突出客户要求的条件）

　　扎实的心理学基础，在北京大学学习应用心理学研究生课程两年，有四年心理咨询方面的学习和实践，对人的行为和心理有深入的了解。（注：拥有心理学背景对测评师这个角色是非常重要的，我本科法律专业，与这个岗位没有关系）

　　思路清晰、思维敏锐、出色的判断力和沟通能力。（注：写与人才测评师相关的能力，忽略其他能力）

　　认真严谨，优秀的职业素养。（注：德国公司的文化就是严谨）

教育背景（时间段 + 学校名称 + 学位 + 专业名）

如果教育背景较好，可以放在这里；如果不太理想，可以放在工作经历之后。

从大学（专）开始写，倒序方式。

对于应届生或工作经历不丰富的，可列出选修过的与岗位相关的课程；如果专业不对口，要列出选修的课程，让用人部门看到你为转行做的准备。或用一些证书来证明你与目标岗位的匹配性。

专业技能

对于技术类、生产类，如熟练使用 Excel、精通 Java 语言、擅长 5S 管理，此部分可以往前写，比如放在"自我评价"之后。

对于管理类岗位可以不写。

工作经历（如为应届生，替换为实习经历或社会实践经历）

包括时间段、岗位名称、职责、业绩。

如果是管理岗位，还要包括汇报线和下属人数。有些汇报线可以体现出能力和影响力。

切忌只有职责没有业绩。对于技术类、生产类的岗位，可以用项目代替业绩。职责一两行即可，重点突出业绩。

描述业绩时，要用对方可以感知到成就的描述方式，尽量用数字来表达。

业绩描述中包括三个部分：挑战或难题、有针对性的具体措施、结果。例：针对报销时间长、员工投诉多的问题，在1个月内，梳理报销流程，将6个环节精简为4个，报销周期从20天减少到10天，员工投诉量降低至0。

对于结果要尽量量化，不能量化的要差异化、可视化，比如：2013年度被评为公司级优秀员工（前1%，2000名员工中共有20人）。

项目描述应包括：项目简介、担任的角色、贡献或结果。

描述作为主角的项目。如果是大项目，你只是其中一部分，请描述你负责的那个项目。

曾服务的公司如果不为大多数人知晓，可在用一两行文字简单描述所属行业，以让对方了解。

对于在一个公司供职时间较长的，比如超过5年的，尤其是有职责发生变化的，建议分阶段写，以体现出持续的成长，并突出与应聘岗位的匹配度。

与求职目标非常匹配的部分要重点突出，对于影响核心优势的部分要简化或不写。

切忌写证明人或推荐人的姓名、联系方式，这可能影响你的职业形象。

对于容易产生异议的工作经历（如工作时间很短），可以增加离职原因。

〔Tips〕

> 业绩描述，或成就事件是写简历中最容易成为亮点的部分，也是最难写的一部分。如何找到你的"亮点"，除了第1章我们谈到的找到优势的SIGN方法，还可以使用本书第7章中提到的"闪光时刻""成功五问"等教练技术。

资格证书

中国或国际机构颁发的证书，如注册会计师证、国际内部注册审计师证、律师执业证等。

权威机构发放的证书：如微软等企业或知名咨询公司颁发的认证。

对于专业不对口的，考取职业相关证书是很有必要的，以表明你的态度。如非管理或心理学专业，想转人力资源岗位，人力资源师的证书要写上。

语言能力

应聘外企或对语言有要求的企业或岗位可以写。

相关培训

选取有影响力的培训，不要很多。

培训的内容要与应聘岗位相关。

兴趣爱好

此部分不是必备项，如果对应聘有帮助可以写。

如，一个研发人员写道：在博士五年期间，每天风雨无阻跑步五公里，培养了坚忍不拔的意志。

这样的兴趣对应聘有很好的帮助。反之，如果这个工作非常紧张，兴趣爱好中注明酷爱旅行，也许让面试官担心你不够稳定。

兴趣爱好不要过多，避免给对方带来不够专注于工作的印象。

如：一位应聘公共关系的候选人在兴趣中写了一条"主持各种晚会"，给面试官带来的感觉就是"形象好，口才好，思维敏捷"，和目标岗位的软能力要求一致性很强。

如果有些爱好与工作性质、内容相冲突，就不要去写。

〔Tips〕英文简历写作

> （1）逻辑、结构及要求和中文的简历是一致的。
>
> （2）看用人单位是否需要英文简历，根据用人单位的需要来提供。
>
> （3）如果你的英文足够好，可以直接写英文简历。
>
> （4）如果你的英文没那么出色，建议先写中文简历，在此基础上再翻译成英文简历。
>
> （5）关于个人成就，写时以结果为导向，使用英文中的过去式，如achieved、finished等。

投递简历，不走寻常路

在我（May）的职业生涯中，只在1999年投过一次简历，那么我是如何换工作的呢？

1999年1月	联想集团（通过投递简历进入）
2006年6月	某知名劳动法律咨询公司任职高级顾问（在联想期间与该公司有合作，被老板信任，邀请我加盟）
2008年12月	某民营公司任人力资源总监（原联想同事推荐）
2009年8月	某猎头公司任合伙人（在联想期间与该公司有过合作，被老板信任，邀请我加入）

2012年至今	Right Management（睿仕管理顾问有限公司）资深职业顾问（兼职。由合作过的朋友推荐），清华大学"职业能力拓展训练"老师（兼职。由联想工作期间结识的清华大学就业指导中心老师推荐）
2014年至今	天力亚太 EAP（员工帮助计划）顾问（兼职。由学习心理咨询时认识的老师推荐），合思咨询领导力测评顾问（兼职。由原联想同事邀请、推荐）

从中可以看出，除了到联想工作是通过网络投递简历的方式，其他换工作的方式是：

工作中结识的合作伙伴邀请　　　朋友推荐

原同事邀请　　　学习中结识的朋友推荐

原同事推荐

为什么会是这样？这是偶然现象吗？

职位机会，用冰山模型解释最为恰当，它包括隐性机会和显性机会（社会人员的工作机会见图3-6，应届生的工作机会见图3-7）。职位机会还符合大家熟悉的二八原则，其中20%属于显性机会，80%的机会属于隐性机会。

从冰山模型谈工作机会

社会人员的工作机会

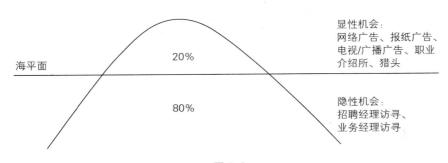

图 3-6

案例

蓝烨是联想集团前副总裁（现任职京东），我曾支持过其部门的人员招聘工作，当时他负责集团的大客户部。有一次，他的部门有两个大客户经理的新增编制，这是个非常棒的岗位，因此很少有空缺，当然对人的要求很高，在网络上找几乎是不可能的。

蓝烨没有让我对外发布招聘广告，而是把两个人的电话给我。这两个人都是他在投标过程中遇到的，是竞争对手的大客户经理，他们表现出的优秀品质和能力给他留下了深刻的印象。我约见这两个人后，他们很快通过了面试。十年过去了，他们依然在联想工作，做出了很好的业绩，当然得到了令人艳羡的成长机会。

有一次，联想渠道管理部要招聘一个市场秩序主管。众所周知，联想的渠道管理是非常先进的，这样的机会难得出现，当然市场上找到这样的人也非常不容易。

业务经理把招聘需求给我，我先把脑子里公司内部的人想了一遍，忽然想起客户服务部的小吴。他每天和我一起坐小班车上下班，路上我们经常聊天。每天短暂的接触中，他周到、儒雅、积极的风格，给我留下了非常好的印象，而且我也知道他的工作业绩非常好。他曾经告诉我希望有机会转到市场部门工作。于是我找到他，他欣然答应应聘。第二天，他通过了上级经理和隔级上级的两轮面试，第三天开始安排交接。

就这样，从需求发出到完成招聘只用了三天。而小吴如果没有这样的机缘，从客户服务部转到渠道管理部也是不容易的。

应届生的工作机会

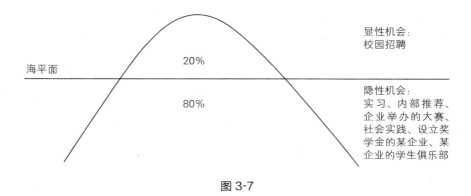

图 3-7

校园招聘,对应届生来说,仿佛是一场战斗,一场场招聘会,五花八门的考试、面试,学生们都快被搞残了。

然而,总有些人,云淡风轻,优哉游哉,好工作早已在手,真是气死人没商量。

案例

Hannah 是 2015 年 7 月毕业的人力资源专业硕士,2014 年暑假在全球知名的人力资源咨询公司 TW 实习两个月后拿到了 Return offer,即在毕业后马上报到上班,让同学们羡慕不已。她是怎么做到的呢?

在确定了职业目标后,研究生入学前,经父母的朋友推荐,她暑假期间到一家国内知名企业实习两个月,做招聘助理。在这期间,她的工作任务很简单:通过电话进行简单面试、安排候选人和面试官的时间、接待候选人。两个月下来,她电话面试了 200 余人,不仅体会了职场是什么样子的,在专业能力、人际交往能力上也有了提升。

通过实习,她进一步明确了自己的职业方向。回到学校读研究生时,Hannah 发现书本上的知识不再是枯燥的。研究生一年级的暑假,由于有了前一家公司的实习经历,她顺利进入一家全球知名的

> 人力资源咨询公司，做了项目助理。在这期间，Hannah非常努力，工作业绩出色。两个月下来，她得到了项目经理的认可，并欢迎她再次来实习。
>
> 　　研究生二年级的暑假，Hannah又一次启动实习计划，她期望这次实习后，能提前拿到"入场券"。前两次的实习经历帮了她大忙，她顺利拿到几个实习机会，最后选择了TW。研究生最后一年，当其他同学还在四处应聘的时候，她已经开始接受TW的工作安排，为上班后跑得更快而准备了。

想想看，Hannah与其他学生有什么不同？我们是否也可以像她一样不去做校园招聘中的大分母？

从以上几个案例，我们可以看到如图3-8所示的招聘流程。

业务经理：

招聘经理：

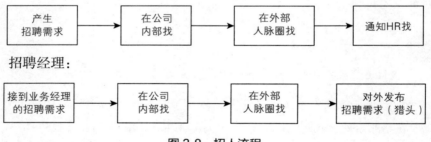

图3-8　招人流程

事实上，当职位产生空缺后，80%是通过内部及人脉圈解决了，而对外发布的只是岗位空缺的20%！所以，通过人际网络，发掘还没有被发布出来的职位空缺，才是你应该花大力气做的事，而不是盯着招聘广告。特别是在互联网如此发达的今天，传统招聘渠道发挥的作用将每况愈下。

现在，停下来，想一想，投递简历的时候该怎样做，才可以获取更多的面试机会呢？

让人际网络帮助你

综合来讲,80%的工作机会是被人际网络覆盖了。

那么,如何挖掘你的人际网络?如何扩大自己的圈子呢?

如图3-9所示,每一个人都有这样一个人脉圈子,如果与你周边的这些人建立好关系,你的人际网络可以很大,这无疑可以帮助你拓展更多的职业发展机会。

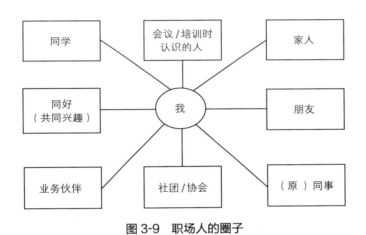

图3-9 职场人的圈子

那么,和我们的人际网络进行沟通时,该如何表达呢?

假设你的朋友说:"嘿,帮哥们儿找个工作吧!"你心里什么感受?是不是压力很大?压力太大的时候,你也许不是去想方设法帮哥们儿找机会,而是避而远之,同时还特别怕这哥们儿时不时地问:"嘿,怎么样了,有消息吗?"

推己及人,直接让别人帮你找工作,似乎不靠谱。下面,看看我辅导过的Jack是怎么做的。

> **案例**
> 2013年Jack遭遇公司战略性调整,失去了工作机会。准备好简历后,Jack列出所有可以联系的人员名单,然后一个一个打电话。

Mary 是他的前同事，两年前去了一家外资公司，发展不错。

"Mary，你好吗？下周二下午能不能和我聊半个小时？我想去你办公室附近，听听你在职业发展中的经验和对我的建议。我请你喝杯咖啡。"

"没问题，周二下午2：00，我在办公室楼下的星巴克等你！"

周二下午，Jack 如约见到了 Mary。他提前打好简历，放在包里。见面后，Jack 通过以下这些问题了解了 Mary 的职业发展状况：

"Mary，谢谢你这么忙还抽出时间来见我。我想听听你在这家公司的发展经历，和咱们公司有什么不一样吗？你成功的关键因素是什么？"

"这个工作中什么让你特别喜欢？给我讲个故事吧。"

"你不喜欢这个工作的哪些内容？"

"这家公司的发展状况怎么样？近期是否有招聘的机会？"

"你觉得我的背景和风格是否符合这家公司的文化和要求？"

交流到最后，Jack 从包中拿出简历。

"我现在要看些工作机会，这是我的简历，我把简历留给你，如果有机会，麻烦帮我推荐给你的朋友，我想更多地了解就业市场，这对我的职业定位会非常有帮助。非常谢谢你！"

Mary 留下简历，把 Jack 推荐给了另外一家公司的 Tom。

一周后，Jack 给 Tom 打电话：

"Tom，您好！我是 Mary 的朋友，她向我推荐您，她说您非常有经验，我想当面请教一些与职业发展有关的问题，您看什么时候有时间，我去您方便的地方，请您喝杯咖啡，大概占用您20分钟。"

通过这样的访谈，Jack 逐渐扩大人际网络，并将自己的简历发到用人单位内部人手里，最终找到没有对外发布的职位机会，即"冰山模型"下面的"隐性机会"。

对于需要职业转换的人，通过职业访谈、朋友推荐寻找机会更为重要。网上投递简历，尤其是对工作多年的人来说，往往会石沉大海，几乎没有哪个公司愿意把机会给一个"陌生来客"（相对熟人推荐）——除非你有绝对的核心优势。（详见第 8 章）

拓展你的人际网络，会有更多的人帮助你。比如当下流行的 LinkedIn（领英）、微信的朋友圈、各种微信群、各种研讨会、各种培训课堂都是拓展自己人际网络的有效途径。把自己主动推荐出去，才能让别人看到你，才能有更多的人帮助你。

如何和猎头打交道

在职业发展中，有一两个猎头朋友是非常重要的。随着你的经验、能力、市场价值的提升，猎头将会出现在你的身边。如果哪天你接到猎头的电话，恭喜你，你终于入围，被猎头盯上了！

那么，猎头对你的职业发展有什么用呢？

（1）猎头是你的眼睛和耳朵。他们对就业市场的情况、动态更了解。通过他们，你可以获取更多的动态，更新你的信息。

（2）猎头是你的职业顾问。我做猎头时，一年电话联系近千人，一年见三四百人，看到的简历就更多了。在我眼里，每一份简历都是一个人的发展历程，或好或差，这种经历无疑对我今天做职业顾问有很大的帮助。所以，对于已经建立信任关系的候选人，往往我会站在他的职业发展的角度，友善地提出看法。

（3）猎头是你的职业经纪人。在了解你和用人单位的基础上，猎头帮你找到合适的工作机会，充当了经纪人的角色。他们更了解市场的情况，掌握更多企业的内部信息。好的猎头清楚地知道在什么阶段把你推荐给什么样的公司，无疑会增加你的面试机会。

> **案例**
>
> 　　依依是一个美丽的北京大妞,大学毕业后在公关公司工作了四年。她找到我时,刚刚从公关公司跳槽到一家快消公司做市场部经理不足一年。因为这家公司有诸多不尽如人意的地方,因此她希望我帮她看看工作机会,希望转行到互联网公司。我知道从公关公司跳槽出来进入所谓的甲方并非易事,而且在甲方不足一年的工作经历,不会给她的跳槽加分,反而会让对方怀疑其适应能力。此时,如果我为她推荐工作,也许是对她的不负责任。于是,我建议她再忍耐一段时间,至少在这家公司工作两三年,在这期间找到各种发展自己能力的机会。依依听了我的劝告,沉下心来,把精力放在数字营销方面,为转入互联网行业做准备。
>
> 　　两年后,她顺利进入一家顶级互联网公司。她为此多次告诉我:"May,太感谢你了!你当时给我的建议太对了,没有那一两年的隐忍,也就没有我的今天。"

　　作为一个负责任的猎头顾问,要珍视候选人对你的信任,帮助他们在职业上取得持续的成功,而不能为赚取佣金不顾一切。

　　那么如何与猎头打交道呢?

　　猎头其实就是销售,负责销售职位和人。猎头的生存准则即 make deal(达成协议),通常猎头顾问的收入主要由两部分构成:基本工资和提成。一般基本工资不高,而提成占很大的比例。提成多少取决于候选人的现金收入,在候选人入职后收取,一般情况下有 3~6 个月的保用期,即在此期间如果因候选人原因,如主动辞职或不胜任工作被解聘,猎头需要免费补充人选或退回一部分费用。因此,猎头需要帮助候选人顺利度过保用期,才能全额拿到提成。

　　对于候选人来讲,猎头的主要任务是:

　　(1)搞清楚公司、职位、直线经理情况及面试流程。

（2）帮助候选人完善简历，进行有效的推荐。

（3）安排好每一次面试，协助候选人做准备。

（4）帮助候选人进行薪酬谈判。

（5）协助候选人顺利度过试用期。

因此，候选人要充分利用猎头的资源和职责，使其真正起到猎头的作用。

针对猎头水平参差不齐的情况，可以按三大阶段十一类问题（见表3-1），与猎头深入探讨。你探讨问题的专业性也会决定你在猎头心目中的形象。

表3-1 与猎头沟通的关键点

进程	关注点	问题清单
初次接触	1. 公司	• 基本情况：业务领域、盈利模式、行业地位、3～5年的发展目标、近两年经营状况、员工规模、公司大致的组织结构 • 公司的产品或服务是什么？谁是公司的客户？核心竞争优势是什么？ • 公司文化：工作氛围、同事关系、员工风格特质、近几年的离职率情况等
	2. 职位	• 属于哪个部门，这个部门在公司的汇报关系 • 该部门的情况：职责、人数等 • 这个岗位的具体职责及胜任要求 • 岗位关系：该岗位的上级、下级和平级都是什么岗位？在岗位序列中所处的位置如何？ • 该岗位的职业生涯发展路径 • 为什么出现这个岗位？是新增还是离职补充？如果是新增，公司希望该岗位带来的价值是什么？如果是离职，为什么离职？在这个岗位做了多久？ • 该岗位的KPI指标，如何考核？
	3. 直线经理	• 直线经理的背景：教育背景、工作背景，特别是在该公司工作了多久 • 他的管理风格是什么样的？ • 他喜欢什么样风格的员工？
	4. 匹配度	• 从我的工作经历、风格来看，与该岗位的匹配度如何？ • 亮点是什么？劣势是什么？成功的概率大概是多少？
	5. 其他	• 面试流程：分几轮面试？每次谁来负责面试？什么形式的面试？ • 薪酬概况：年薪多少？基本构成是什么？

进程	关注点	问题清单
建议：尽可能和猎头进行面对面沟通，以便彼此深入了解。		
推荐及面试阶段	6. 简历及推荐报告	• 简历如何根据岗位能力要求进行调整？ • 请将推荐给客户的推荐报告发我一份
	7. 面试准备	• 谁来负责面试？ • 面试联系人及岗位，如何称呼？ • 什么样的着装风格会与该公司的风格、面试考官的风格相匹配？ • 他们会关注哪类问题？ • 有无特别要注意的地方？
	8. 面试跟进	面试后2～3天询问 • 目标公司的面试评价如何？积极的一面是什么？ • 他们有什么担心的地方？ • 我可以做什么来消除他的担心？
Offer阶段	9. 薪酬情况	• 该岗位的薪酬区间怎样？ • 雇主的意见是什么？有没有谈判空间？ • 未来的薪酬调整情况，如年度普调比例、调薪的条件是什么？ • 对于绩效奖金：影响因素是什么？是否写在offer中？怎么发放？ • 其他福利情况：包括五险一金的基数，有无补充商业保险（补充医疗、企业年金、住房补助等），带薪休假情况等
	10. 薪酬证明和推荐人证明	• 在确定薪酬前是否需要提供薪酬证明？ • 薪酬证明的要求是什么？ • 是否需要推荐人？对推荐人的要求是什么？
	11. 试用须知	• 过往有没有试用不通过的情况？ • 试用期有哪些注意事项？有何建议？
请详细阅读本书第4章。		

职业生涯中，有一两个靠谱的猎头，无疑对你的职业发展有利无害。那么如何判断一个猎头是否靠谱呢？带着下面的这几个问题一起思考吧：

（1）猎头擅长什么行业？对哪些公司熟悉？熟悉什么职位？

如果一个猎头什么行业、什么职位都做，这个猎头就不够专精。而对行业、企业、职位有深入了解的人，才能对你的职业发展有更大的帮助。

（2）在初次接触中，他先推销职位还是先了解你？

先推销职位：职位和你都是商品，"钱"是中心。

先了解你：你是客户和伙伴，"人"是中心。

（3）猎头有什么样的职业经历？

关注他的职业发展历程。不能管理好自己的职业生涯，怎么管理好别人的？

（4）对于你这样的情况，猎头有过什么成功案例吗？

通过人际网络（或者让猎头推荐曾经服务过的候选人），了解该猎头的口碑，口碑是猎头顾问的生存之本。

（5）上述问题清单中的问题，他是否自信、肯定？是否对答如流？

还有哪些招聘渠道

随着互联网的快速发展，招聘渠道发生了巨大的变化，也许未来将是颠覆性的。

招聘1.0之人才市场：如各地的就业市场、人才中心。

招聘2.0之简历仓库：传统招聘网站、猎头公司、行业招聘网站。

招聘3.0之人才社交：如LinkedIn、脉脉、CSDN、微博（微招聘）等。

招聘4.0之连接人和企业：猎聘、拉勾网、周伯通及更加垂直的招聘平台，如程序员招聘平台100 Offer等。

在传统招聘渠道，如前程无忧、智联招聘网上，你的简历不仅要突出你的求职目标、你的核心优势，还要隔三差五地刷新，才有可能被用人单位搜到。通常来讲，如果你的简历两周内没有刷新，就会被淹没在茫茫人海中了。

LinkedIn是白领，特别是外企白领集中的人才社交网站，你可以通过以下渠道获得职位信息：

（1）用户主页：根据会员的档案精准推送。

（2）职位搜索。

（3）邮件：用户注册邮箱收到职位推荐邮件。

（4）职位栏公司招聘专版。

（5）LinkedIn 的 APP。

另外，主动寻找在社交网络上的目标公司或目标岗位的人进行交流，是更为主动的方法。而招聘经理、猎头也会将社交网络作为重要的访寻渠道。

找寻工作的过程，充分了解哪些招聘渠道可以帮助我们获取更前沿的、更准确的招聘信息，会帮助我们获取更多的面试机会。

※结束语

简历的目的是激发考官见你的强烈的欲望，以获取更多面试机会。

重点突出、结构清晰、用语简练、具有逻辑性成长轨迹的简历，往往会吸引到考官们的注意力。

有针对性地撰写、有选择性地投放也是确保你的简历得到更多反馈的基础。

如果你对自己的简历不负责，那考官如何相信你会对未来的工作负责？

在路上

面试路上,
就是展现最"好"的自己的过程,
"亮"出你与岗位最匹配的一面,
机会自然而然就来了。

面试官：请问你有什么缺点？

A 答：我的缺点是工作太认真！

B 答：我的缺点是追求完美。

往往面试官听到这样的回答，脑子里瞬间闪过一句话："面经（面试经验的简称）看多了！"然后，你离出局也就不远了。

从 2012 年起，我担任清华大学"职业能力拓展训练"课程的老师，到 2015 年，选修该课程的硕士生、博士生有 200 多个，还有旁听的本科生。课上我从没有教过他们网上面经上的内容。我辅导过的外企员工，超过四五百人，同样我也不教他们面经上的内容。经过我辅导的人基本都能掌握面试的方法，顺利通过面试。

同样，我希望从今天起，你也能放下面经，展现用人单位想看到的你。

认识面试官的评价偏见

没有几个人不怕面试官。面试官也是人，是人就会有偏见。了解了偏见，我们才能知道他们喜欢什么、不喜欢什么，不仅能避免撞到枪口上，还能让自己熠熠生辉。

偏见 1　第一印象

> **案例**
>
> Daisy 是一个资深招聘经理，可谓阅人无数。在生活中，她是一个单身女人。一次经人介绍，和一位男士在餐厅约会。这位男士给 Daisy 的印象普普通通，没什么特别好，但也不算坏。在吃完饭的时候，令她吃惊的一幕发生了：他拿起筷子剔牙。在那一刻，她对他形成这样一个印象：缺乏教养。后来，这位先生多次约她见面，Daisy 都婉拒了——坏的第一印象形成了，就再也难以改变。

Daisy 是专业的面试官，她内心知道不能因为一件小事就否定这个人，但即便如此，那一刻形成的印象仿佛刻在了脑子里，挥之不去。

而我们经常面对的是没有经过严格专业训练的业务经理，第一印象对他们的影响就更加强烈。没有留下好的第一印象，你可能就没机会进入下一轮面试；如果留下坏的第一印象，第一轮面试可能都无法顺利完成：20 分钟之内，你就被打发了。

媒体策划专家有一句名言：要给人好印象，你只需要 7 秒钟。而在面试中，前 5 分钟是形成第一印象的关键期。通过大量的分析，研究者们得以成功描绘出影响第一印象形成的因素。

第一印象符合 55/38/7 原则：55% 来自你的外表；38% 来自你的举止；7% 来自你讲话的内容。

（1）第一印象的形成 55% 与外表有关。

外表不仅是你的面相，还包括你的着装。

比如，你去一家金融公司应聘销售经理，胡子拉碴，穿着休闲装、牛仔裤，黑皮鞋里时隐时现一双白袜子，必然会给面试官留下了这样的印象：这人不职业。

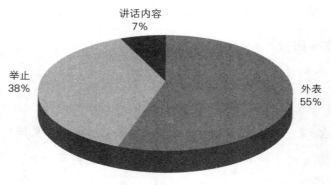

图4-1　55/38/7 原则

如果是女士，除了着职业装外，面试尽可能化淡妆，表示你对对方的尊重。

又如，你接到面试通知时碰巧正在生病，最好改时间，不然你蔫头耷脑的，无疑会浪费一次面试机会。

（2）第一印象有大约38%与举止有关。

你走路和站立的姿势、你的表情，以及你和他人说话的音调、语气、语速、节奏都将影响给他人的第一印象。

比如：接到面试电话时，你恰巧有急事需要处理且周围很嘈杂，或你正在躺着休息，或今天情绪不好，你需要做的是马上找个清静的地方，或者马上坐起来抖擞精神，或者干脆告诉对方："非常抱歉，现在正好不方便，麻烦改一下时间，好吗？"

此外，握手也能传递重要信息。研究发现，那些握手时目光和你直接接触、手掌干燥、坚定有力、自然摆动，而不是无力、潮湿、试探性的人，不仅能让你对他感觉良好，还将取得你的信任。

（3）第一印象中只有7%与讲话内容有关。

这也正说明了在第一印象中，你"怎么说"比"说什么"更重要。

偏见2　光环效应（晕轮效应）

光环效应（halo effect），又称"晕轮效应"，即一个人的某种品质给人以非常好（或非常差）的印象；在这种印象的影响下，人们对这个人的其他品质也会给予较好（或较差）的评价。

光环效应，本质上是一种以偏概全的认知上的偏误。从认知角度讲，光环效应仅仅抓住并根据事物的个别特征而对事物的本质或全部特征下结论，是很片面的。

但是，这种认知偏见在所难免，在面试中尤为常见。

在过往的招聘经验中，往往通过面试的不是各方面都还可以的人，而是有闪光点且没有致命缺陷的人。这样的结果，光环效应无疑起了一定的作用。

当候选人与这个岗位的要求相比具有突出优势的时候，面试官往往会心生好感，而对其他方面采取了较为宽容的态度。

当然，如果候选人存在突出缺点，其优势也会被掩盖，甚至面试官没有耐心将面试进行下去。

应对光环效应，候选人能做的只有找到"亮点"，突出优势，让自己的优势部分熠熠生辉！

偏见3　首因效应、近因效应

首因效应，即"先入为主"，是指人们识记事物时，第一印象更鲜明、更牢固。近因效应，是指人们识记一系列事物时，对末尾部分信息的记忆效果优于中间部分信息的现象。人们往往对最初接触的信息和最近接触的信息印象更为深刻。举个例子：我们回想一下，《我是歌手》节目中，你对第一个出场和最后一个出场的歌手的表现肯定印象深刻，而中间的那些歌手只有在他们有不同寻常（或者特棒或者特糟糕）的表现时，才能被你记住。

在面试中，可能面试官一天会见很多候选人，但你不可能要求面试官把你排在哪个位置，如果你没有突出表现，你就会被淹没在一堆候选人当中，面试结果可想而知。

面对首因效应和近因效应，应对的策略依然是：让自己闪亮！

偏见 4　像我效应

"物以类聚，人以群分"就是典型的"像我效应"的体现，人往往喜欢和自己像的人。在面试中与面试官具有相同背景、兴趣、风格等的人，更容易被面试官喜欢，比如：

校友：师哥师姐要是面试你，是什么感觉？

老乡：老乡见老乡，两眼泪汪汪。

都曾在一家公司工作过：你们就是同事！

有共同的爱好：同好，是不是觉得有的聊，知音呀！

住一个小区：远亲不如近邻。

开同款车：大概说明你们有相同的品味。

着装风格相同：去一家传统国企，穿运动装，是不是觉得另类？

语言习惯相同：外企员工之间互称英文名，以表示平等和亲切，但到国企直呼其名，你必死无疑了。

针对"像我效应"，以及上面提到的各种评价偏见，你要做的是：做好准备，不打无准备之仗！

那我们如何进行准备呢？

面试，不打无准备之仗

案例

有一次，我正在对 Chris 进行面试辅导，他的电话响了，对方是他应聘公司的招聘人员，通知他明天面试。Chris 只是点头接受，什

> 么问题都没有问就挂了电话。
>
> 我问他:"你怎么什么都不问就挂了呢?"
>
> 他惊讶地说:"啊,不就是通知面试吗?知道了面试时间和地点不就行了吗?还能问什么呀?"
>
> 我说:"不问清楚,怎么准备面试呢?"
>
> Chris 更惊讶了:"我以前每次都是直接去面试,有什么可准备的呀?"

俗话说:不打无准备之仗。面试也一样,良好的准备是成功的关键。你需要在以下三个方面进行准备:信息准备、内容准备和心理准备。

信息准备

需要准备的信息包括:

公司基本信息

公司基本信息包括企业性质、股权情况、规模、经营状况、产品情况、核心竞争优势、企业文化、组织架构、人员大致结构、用人理念、业界对该公司的认可度或口碑、近期动态、高管背景和风格、主要竞争对手等。

> **案例**
>
> 一小哥们儿到宝洁应聘,表现尚可。面试结束环节,面试官问小哥们儿:"你还有什么问题吗?"
>
> 小哥们儿讨好地问:"我很想知道,您是如何在联合利华坚持十多年的?"
>
> 面试官瞬间变脸:"我一天都没在联合利华工作过!"
>
> 小哥们儿的命运可想而知。

部门信息

部门在公司中的位置、业务情况、人员规模、部门组织架构、团队氛围（部门文化）、部门管理层情况等。

岗位信息

岗位信息包括岗位职责、汇报线（上级、隔级上级、下属人数等），以及岗位需求原因（新增或离职补充）。

对于新增岗位，有时候业务经理也不知道要什么人，岗位说明书也就写不清楚。有时候招聘经理安排业务经理面试不同风格和背景的求职者，使业务经理清楚到底想要什么人。这对求职者的影响是，面试流程可能较长，用人单位的标准也不好掌握。

对于新增岗位，应注意：

（1）为什么新增，期望带来的价值是什么？

（2）在面试你之前还面试过什么人？因为什么原因没有符合要求？

对于离职补充，更要提起注意，需要了解如下情况：

（1）前任为什么离职（岗），在这个岗位上做了多久，什么去向？

（2）有几个前任？都分别做了多长时间？

还记得《杜拉拉升职记》吗？小白领杜拉拉是行政和招聘出身，不知道动了哪根筋一门心思要做薪酬福利，不是这个职位就不去谈（在我看来，这个杜拉拉不了解自己，也不了解市场）。当然找了很久都没有合适的，因为没有公司愿意聘请她这样背景的人做薪酬福利经理。正在山穷水尽的时候，突然一个公司要见她，而且很快上岗。杜拉拉同学还没高兴几天，就发现这个岗位是个大坑，是个离职补充，谁做这个职位都做不好。

这是一个非常现实的例子。天上不掉馅饼，掉下来也会砸晕你。

在我的招聘经历中，就曾多次遇到这样的情况，总结起来，无外乎两类：

类别1：岗位设置不合理，谁来谁死。

有一家知名的跨国公司，总部是投资公司，设置了组织发展经理，下面是非常独立的子公司，每个子公司都有 HR 总监，都有成熟的体系和 HR 团队，根本不会听从总部指挥。所以，总部组织发展经理要做点事特别难，要看各个总监的脸色，这个岗位换人无数也没法解决这个问题。

类别2：上级难以相处，谁来谁死。

一家知名公司，在业界口碑不错，唯独有一个职位常年招聘：一个业务部门的人力资源总监。在这个岗位上的人，过不了半年就得离职。原因是这个岗位的上级非常挑剔，且缺乏对下属的尊重，动不动就发脾气骂人，没人能受得了他。

面对这样的上级，你要提醒自己：我是普通人，不是超人，别人搞不定的，我也搞不定，还是敬而远之吧。

面试官信息

你要知道谁来面试你。你要根据面试官的岗位、教育背景、工作背景、个人风格、用人偏好等不同而有所准备。

面试官来自人力资源部，考核的是综合素质和能力，如工作意愿、工作动机、文化匹配度、智商、情商和逆商。他们往往不会过于关注专业能力。

面试官是业务经理，往往更看重专业能力，以及和团队的融合情况。

面试官是隔级上级，往往对专业能力不会花很多时间考察，可能看重综合素质、团队融合及人才梯队的建设。

面试官是同一部门的同事，可能关注的是专业能力，以及与同事相处的能力。

面试官是其他部门的同事，不用说，要看看是否可以跨部门配合了。

面试流程信息

了解面试流程的目的，一是对整个面试周期、顺序做到心中有数；二是通过面试流程侧面了解这家企业的管理风格。有件事情至今想起来，我还是很自责。

> **案例**
>
> 我做猎头的第一年，还是个老"菜鸟"。我帮一家跨国公司找组织发展总监，推荐了一个很不错的候选人。我想当然地以为三次面试就可以了，也就没有问。谁想到三轮结束还有三轮：全球总部、相关部门负责人还要面试。候选人到第三轮结束本以为就确定了，一听还有三轮，开始不耐烦了。在我好说歹说下，候选人又被"蹂躏"了三次。六轮过后，客户说：总部觉得还有点不合适，先暂时放放吧。我一听脑袋就大了，真不知道如何向候选人解释。当我告诉候选人结果的时候，在电话里我都能感到她的愤怒："你们早干什么去了，要是知道这么多轮面试，我就不去了！"

如果我提前知道要经过六轮面试，会告知候选人，让她有个心理准备，即使不被录用，也不会这么气愤了。当然，我更可以发挥自己的影响力，引导客户合并面试轮次，减少到候选人可以接受的面试次数。

从面试流程，其实我们可以发现很多蛛丝马迹。比如，一般技术类的岗位，人力资源部的面试官往往是在业务部门面试之后开始面试，这说明技术能力才是最被看重的，只要没有大的缺陷，如心理或性格存在问题、文化匹配度过差等，通常就不会通过面试。而第一轮遇到人力资源部的面试官，则表明这个岗位的综合能力更被看重。

> **案例**
>
> 2015年我辅导过一个石油公司的安全经理，让她打探面试流程是什么。她回来告诉我：共三轮，分别是人力资源、业务部门和平级部门负责人。
>
> 我告诉她："你在面试时，要将过往的跨部门沟通能力表现出来。"

> 她想了想说:"嗯,确实是这样的,这个岗位会涉及很多部门,跨部门沟通能力是一项重要的能力。"

那么,到哪里了解这些信息呢?

(1)强大的互联网:百度(搜索、知道、贴吧、文库等)、网站新闻、股市信息、行业研究报告、微博、微信以及各种圈子。

(2)社交网络:通过朋友、校友、同事等渠道打探消息,这是最为真实的信息来源。

如果你想了解一家公司的文化,不妨到他们的前台走一趟,从来来往往的员工表情、着装和步伐,就可以看到这家公司员工的状态了。要是你不嫌麻烦,还可以晚上去看看他们的加班情况。也许,你还可以坐在大堂旁边的咖啡馆,听听员工们的闲聊,或许找个面善的员工聊聊。

案例

> 有一年,我为电话中心招聘一个客户经理。面试时她告诉我,来之前以客户身份打过800电话了,她觉得好的地方是什么,哪些环节需要改善。她通过这样的亲身体验,对应聘的工作有了更深入的了解,而且在面试官面前表现出很强的加盟意愿。所以,十年过去了,我依然记得她。

内容准备

内容准备包括:自己可能被问到的问题,能够体现能力的成就事件,自己要问的问题。(详见本章后文"面试问题的思考策略"一节)

> **案例**
>
> 有一次，我到一家外企的软件研发中心做裁员现场支持，遇到一个先生，他一脸不耐烦地说："我觉得你们职业顾问没什么用，你又不是搞技术的。"
>
> 我没有接茬，而是问他："你目前工作上有什么安排吗？"
>
> 他说："其实我早就知道有这么一天，之前就投了简历出去，明天百度就让我去面试呢！"
>
> 于是我告诉他："我觉得他们会考察你的适应性：从外企到民营企业的适应性、从传统IT到互联网的适应性，建议你准备表现你适应性的例子。"他将信将疑。
>
> 第二天他主动打我电话说："May，真像你说的，他们确实关心这个问题，好在我听你的建议，做了准备。"

心理准备

面试的英文是"interview"，"inter"就是相互的意思，"view"就是看。所以，面试的过程就是相互看的过程。既然如此，就大可不必紧张。

在我负责招聘的经历中，印象最深刻的是曾有位候选人来应聘采购经理的职位，由我和总经理一起面试。在面试的过程中，他越来越紧张，紧张到手哆哆嗦嗦、说话结结巴巴，谈了不到十分钟，总经理就起身走了。

试想，这样的心理素质如何和供应商谈判？如何管理员工呢？

展现积极、自信的精神面貌，是面试成功的关键。

我经常看到有些离职员工还没有调整好心态，就着急应聘新的工作，仿佛失恋的人还没有从低落的情绪中走出来，就要开始另一场不明不白的恋爱了。这样只会让你丧失机会或者做出错误的选择，因为没有哪个用人单位愿意接收一个缺乏自信、充满负能量的人；即便接受了，那这个单位也会充满负能量，当你回过神来的时候，也许会发现走错了门。

> **案例**
>
> Eva 本科和硕士都毕业于名校，毕业后在顶级的人力资源咨询公司工作六年。经过朋友介绍，Eva 认识了我。Eva 有双大眼睛，聪明可人。可能是因为刚生过小孩，有些发福。她告诉我，做咨询六年了，她想到企业里工作，从不同的视角从事人力资源工作，让职业生涯更加丰富。我很快帮她找到了离她家走路十分钟的某跨国公司的面试机会。
>
> 这个岗位的上级 Maggie 和我做过同事，相互的信任自不必说，因此两人很快见了面。本以为一切都非常顺利，但 Maggie 的反馈却出乎我的意料。Maggie 说道："她怎么反应有点慢呀，好像有些走神，我还说呢，名校的姑娘，不至于呀！"
>
> 这可让我一头雾水。我赶紧向 Eva 问个究竟。Eva 无奈地说："面试前一天晚上孩子折腾一晚上，没睡好，第二天都在咨询项目上，到下午五点面试的时候，脑子都不转了。"
>
> 我认真地问她："你想去吗？"Eva 重重地点头。
>
> "那好，你给 Maggie 写封邮件吧，表达你的愿望和诚意。"于是，Eva 发了封情真意切的邮件。
>
> Eva 的邮件深深地打动了 Maggie，Maggie 愿意再给她一次机会，让下属和 Eva 见上一面。
>
> 这次我特别嘱咐 Eva：面试时间一定要选在上午，这样可以表现出最佳状态。面试本来安排在下午，被她有礼貌地调整到了上午。最终，Eva 成功获得了这次工作机会。

面试结构和常用的测评形式

面试的结构如图 4-2 所示。

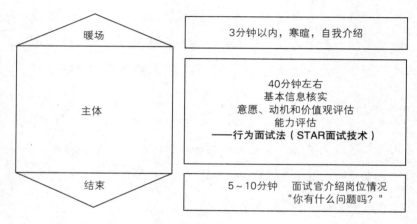

图 4-2 面试的结构

通常一个面试的时间为 40~60 分钟（应届生除外）。

暖场三分钟

暖场三分钟最重要的是建立关系、形成良好的第一印象（详见本章第一节）。

大多数情况下，面试官请你做自我介绍。为什么面试官让你做自我介绍？

（1）缓解你的紧张情绪，创造良好的沟通氛围。

（2）观察候选人如何说自己，对候选人有大致了解，形成初步印象。

（3）评估候选人的表达能力、逻辑思维能力，以及在陈述中使用哪些"关键词"，以便考官追问问题。

让我们来看看应聘同一个外资 IT 硬件公司的销售经理岗位的小 A 和小 B 的自我介绍方式：

> 小 A：
>
> 我叫小 A，今年 30 岁，已婚。2007 年毕业于北京工业大学计算机专业，本科。毕业后到 ××× 软件公司做销售三年，后来经朋友介绍到现在这家外资 IT 公司做硬件销售经理。我现在带两个员工。我对计算机软硬件都很熟悉。
>
> 小 B：
>
> 各位面试官好！我叫小 B。我大学期间就非常喜欢销售工作，毕业后从事软件、硬件销售工作八年，其中四年是在外资公司。我有两年团队管理经验，曾培养出五个销售顾问，使他们得到了岗位晋升。这样的经历使我能很快适应咱们公司的工作环境和我应聘的岗位。
>
> 在过往的销售工作中，我及我的团队取得了非常好的销售业绩，一直名列前茅。
>
> 我具有很好的销售团队管理能力、客户需求的理解和把握能力，以及出色的沟通协调能力。
>
> 我是一个有很强进取心的人，充满工作激情，喜欢挑战。

如果你是面试官，你是对小 A 感兴趣，还是对小 B 更感兴趣呢？

虽然，面试官会对小 B 更感兴趣。而大多数人是像小 A 那样做自我介绍的，就是快速地把简历中写的东西重复说一遍。

切记：自我介绍，你不需要照本宣科，把你的过往经历重复说出来。

前两天，我辅导一个离职员工重新开始找寻工作。在谈到"自我介绍时"，我问他："你觉得说几分钟合适？"他自信地说："我工作二十来年了，怎么也得说十几分钟吧。"这时不妨问一下自己,你说的目的是什么?整个面试过程大概多长时间?

案例中,小B的陈述是围绕着岗位要求的,先搞清楚销售经理的岗位要求,围绕岗位要求呈现自己。他的目的是让面试官脑子里出现这样一句话:嘿,这家伙和我的岗位要求很搭呀,靠谱!

小B的大概思路如图4-3所示。

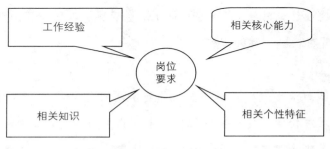

图4-3 小B的思路

"相关"是关键词,在短短的一两分钟,紧紧围绕岗位要求,每句话表达的都是要与岗位相关的,以便抓住面试官的眼球和耳朵。随后,面试官很有可能追问你提及的要点,而这些要点正是你想告诉面试官的。

做自我介绍的要点总结如下:

(1)三分钟之内(不少于一分钟)。

(2)简洁、清晰、流畅。

(3)相关性——围绕岗位要求,呈现面试官想听的内容。

(4)用优势项吸引面试官的眼睛和耳朵。

(5)如果可以,尽量写下来。

(6)熟悉要说的逻辑和内容,但不要给面试官"背"的感觉。

回顾我个人在应聘一个咨询公司的测评师的经历,我是这样介绍自己的:

> **案例**
>
> 某某您好，我是李梅，今天我来参加面试，主要原因是对领导力测评师这个职位非常感兴趣，也非常有信心。
>
> 我既有十年大型跨国企业内部人力资源工作经验，又有近十年咨询工作经验。这样的工作经历，让我熟悉客户的需求，在测评中与客户建立并保持良好的合作关系。
>
> 专业能力上，我有心理学教育背景，取得了国家心理咨询师二级资格。我熟悉各种人才测评方法和手段，曾为汽车、银行、保险、教育等行业进行人才测评。去年，我使用 BEI 访谈、情景模拟、文件筐、案例分析、无领导小组讨论等工具评估 400 余人，受到客户和被测评者的高度评价，特别能够把握对总经理级别的测评，很好地控制局面。
>
> 我的优势是思路清晰、思维敏锐，判断力和沟通能力非常出色，客户给我的反馈是非常值得信赖。从个性上说，我是个认真严谨的人，友好亲切，但又能坚持自己的独立性，我认为这点与咱们公司的风格及测评师的要求非常匹配。

面试主体和行为面试法

面试的主体部分通常包括三个部分：

（1）信息核查——面试官核实简历中有疑问或特别关心的内容。

（2）意愿和价值观评估。

（2）能力评估。

根据意愿和价值观，以及能力这两个纬度，候选人会被面试官标记在如图 4-4 所示的模型里。

A. 意愿强、价值观匹配 但能力低 ——"能力可培养吗？"	B. 意愿强、价值观匹配 且能力高 ——"我要的就是你！"
C. 意愿低、价值观不匹配 且能力低 ——"慢走，不送！"	D. 意愿低、价值观不匹配 但能力高 ——"我能 hold 住吗？"

图 4-4　意愿价值观和能力矩阵

〔**Tips**〕

> 行为面试法被很多大公司采用，不仅在招聘面试过程中应用，在内部人才的选拔晋升过程中用的也是这个方法。

在这个环节中，面试官如果觉得你没有意愿，且价值观不匹配，也许对能力评估就失去了兴趣。

通常面试官最不喜欢没意愿的候选人，他们会说："不想来，干吗浪费我的时间？"如果赶上这个候选人是猎头推荐的，猎头少不了被一通臭骂。对猎头来讲，这样的候选人还不如意愿强能力稍弱的，要是有两次这样的事发生，猎头很有可能拉黑这个候选人。

你是哪个象限的候选人呢？在面试之前，要做到心中有数。

在能力评估上，面试官常使用行为面试法。行为面试法，即 STAR 面试技术，是通过要求面试对象描述其过去某个工作或者某段生活经历的具体情况，依此来了解面试对象各方面素质特征的方法。行为面试法的基本假设是：通过一个人过去的行为可以预测这个人将来的行为，因为人的行为具有一致性，当遇到类似情形时，通常会运用过往的应对模式。

S（situation）背景：事情发生的背景是什么？为什么做这件事？难点、挑战是什么？你承担什么角色？

T（target）目标：做这件事的目标是什么？有什么衡量标准？

A（action）行动：针对难点和挑战，具体采取了什么行动？

R（result）结果：对照目标（Target），结果怎么样？

当考官说"请举个例子"时，你就知道他在用行为面试法了。那么考官想听到什么呢？在他的脑子中他希望听到STAR——这些闪亮的星星。

在考官脑子里，他会自动抓取这些信息，如果你在讲故事的过程中漏掉这些信息，他就会追问，而追问的结果是导致你特别紧张，甚至乱了阵脚。

在举例过程中，常见有五大问题：

问题1：主角不是"我"，而是"我们"或"我们的项目""我们公司"

在面试过程中，当出现"我们"这个词时，我通常会打断对方，问他："我们"包括谁？你的角色是什么？我不关心其他人，也不关心项目、公司本身，因为那些不过是一个背景墙，不是我的评估对象。所以，请只讲你做主角的故事。

案例

> 记得有一次，我和几个HR经理给北大法学院做面试模拟时，面试官问："你被选中到台湾大学交换的收获和体会是什么？"学生答："我觉得台湾大学是个很棒的学校，他们在教学方法和大陆有如下不同之处……"然后特别兴奋地谈台大与北大的不同。
>
> 在给学生做反馈时，面试官说："当听到你谈台大时，我都要走神了，我问这个问题是想听听你具备什么特征被台大交换生项目选中，以及在交换过程中什么能力得到提升，至于台大怎么样，我不感兴趣，因为我的重点是考察你，而不是考察台大。"

有时候，虽然项目很重要，而你却只负责项目其中一部分工作，怎么办？你只讲你负责那一部分的故事，而整个项目是背景（situation）。总之，要聚焦在"我"。

问题 2：表现出的能力与考官要考察的不相关，即"答非所问"

考官在提问时，要考察什么能力，是具有指向性的，而非漫无目的地聊天。如果你回答的内容与他要考察的能力不相关，他可能会认为你不能正确理解题意，会怀疑你的理解能力。

此外，因为面试时间有限，你讲的故事中不能表现出考官要抓取的行为，那么考官在这个维度上只能给你打很低的分数。所以，在开口回答问题前，要充分理解考官的问题，没有理解时不妨向考官确认下："抱歉，您能再重复一下问题吗？"或者"我可以理解您的问题是……，对吗？"

案例

> 有一次，一个考官问一名清华硕士："请讲一个到目前为止给你压力最大的一件事？"很显然，考官希望看到候选人承受压力的能力。这个学生回答："压力最大的是保研的选择，我同时收到了浙大、西交大、清华的保研offer，给我带来很大的压力，我经过认真思考和比较，推掉了西交大和浙大，去了清华。"

如果你是考官，你什么感觉？ 会不会有种想揍他的冲动？第一，他讲的是一个如何进行决策的问题，而不是压力承受。第二，如果确实是他认为压力最大的事件，那么考官在压力承受能力这项会给他打很低的分数。

问题 3：前后逻辑不清晰，甚至脱轨

面对挑战，采取的行动是应对这个挑战的，采取的行动是有策略的，是分步骤的（见图4-5）。如果没有这样的思路，有的候选人，说着说着就忘记了两者之间的关系。

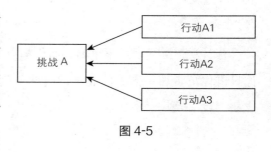

图4-5

问题 4：例子发生的时间较久远，或与生活相关而非工作相关

建议所举的例子是三年内发生的，不要太久远。太久远的故事对考官的影响力下降，另外给考官造成"最近几年这人没什么业绩，没什么可圈可点之处"的印象。

面试的时候，一定要讲与工作相关的故事，尽量避免讲生活中的事、家庭中的事。讲生活中的事，显得你不够职业化，另外生活中的事容易触动你敏感的神经，如果表现出较强的情绪，可能会影响到面试官对你压力承受、情绪控制能力的评价。

> **案例**
>
> 有一次在给应届生做测评时，我问了一个问题："请讲一个在过往经历中给你带来很大打击的事。"一个男生急切地说："我想跟您讲讲我的初恋。"我好心引导："能讲和学习、实习、实践相关的吗？"他眼巴巴地看着我："我就想跟您说这事。"唉，我只好让他讲。他讲着讲着就哭了，结果就可想而知了。

问题 5：编故事

识别真伪是面试官的基本功。通过追问背景、细节、用词，以及你的肢体语言、情绪反应，面试官是很容易判断出你所讲故事真伪的。虚假的故事是经不起追问的，常见的反应是前后矛盾、打断时停不下来、落不到细节、肢体语言和情绪有很大的变化等。而说谎或者夸大其辞通常都被认为是职业道德问题，这是面试的禁忌，通过面试的可能性很小。因此，切记要讲自己的真实故事。

那么，如何给面试官留下深刻的印象呢？

讲难度大、复杂性高的事件。这样的事件才有冲击性，才能让面试官有强烈的兴趣去听，不疼不痒的事件体现不出你的亮点。

具体到 STAR 上，解读如下：

场景化（S），描述的过程，要带着面试官进入当时的场景，吸引他的注意力。

讲目标、任务（T），让面试官清晰你的任务是什么，要达成的目标是什么。

讲行动（A）时，要具体化，讲清楚分几步，每一步是如何做的，不能飘在空中。

结果要尽可能量化（R）。不能量化的，也要让面试官可以在脑子里形成画面（可视化）。

案例

我在辅导一个技术支持工程师 Gary 时，他说他每天都是做日常的工作，没有什么可圈可点之处。请看我是如何帮助他找到结果（result）的。

May：考核你的 KPI 是什么？

Gary：所支持的销售人员的满意度，不过大家都挺好的，他们对我们都挺满意的。

May：你是几分，其他人员是几分？你排在技术支持工程师的什么位置？

Gary：我是 4.5 分，一般是 4.3 分，我们有 20 个工程师，我一般在前 5。

May：你支持的客户中有要求很高或者规模很大的吗？

Gary：有啊，比如中国移动，要求就特高，很麻烦的。

May：在支持中国移动项目时，用了多长时间，出了多少次现场，接了多少电话，或者解决了多少技术问题？

Gary：很多次，我需要查查记录，他们的要求是很高。

May：做完这个项目，其他人对你有什么评价？你怎么知道的？

> Gary：销售经理说我很给力，从来不拖延，能在第一时间解决问题。
>
> May：这个销售经理又请你加入他负责的其他项目了吗？
>
> Gary：请我了，而且一旦我加入一个项目，负责人都会持续不断地用我。噢，我明白怎么说了。

聪明的你，从上述对话中看到什么了？不是你没有可圈可点的业绩，也许只是因为你看不到自己的闪光点，自己看不到，怎么能表达出来呢？表达不出来，面试官凭什么判断你有这些闪光点呢？

在表达结果（result）时要进行比较：结果和目标比、结果与他人比、结果与过往比。

切记：没有比较，就没有鉴别，也就没有冲击力。

练习：用符合STAR原则的方式说出令你引以为豪的故事。

在_____年_____月，遇到了_____情况，于是我接受了这个任务。我的角色是_____，我的挑战（难点）是_____。我希望通过这个任务达成如下目标：_____。针对这样的问题，我采取了如下具体行动：（1）_____；（2）_____；（3）_____。任务在_____时间（是否规定时间）完成，和目标相比_____。

〔Tips〕

> 在参加面试之前，至少要准备五个这样的故事，面试的过程你就会自在轻松许多。例如：
>
> （1）你处理的最有挑战性的问题是什么？
>
> （2）你最有成就感或最骄傲的事情是什么？
>
> （3）你处理的最棘手的事情是什么？

面试结尾知多少

当你听到面试官说:"你还有问题吗?"你要明白:面试快要结束了。

那么问题来了——"你还有问题吗"是个面试问题吗?那么请看如下对话:

面试官:你还有问题吗?

应聘者A(摇摇头):没有了。

应聘者B:能介绍一下咱们公司的薪酬福利情况吗?加班可以打车回家吗?有没有加班费?能解决住宿吗?

应聘者C:您期望新人带给团队哪些价值?与这个岗位的前任比,您的期望有什么不同?如果我来,需要马上着手处理哪些问题?

如果你是面试官,上述三个应聘者,你认为有什么不同?带给你什么不同的感受?是不是两个候选人关注的对象不同,A好像对这个职位不感兴趣,或没有做任何准备;B关注的是薪酬福利,即个人的利益部分;而C关注的是工作本身,并期待尽快融入进来。

我认识一个投资公司的老板,他就是通过"你还有问题吗?"来判断应聘者的驱动力(工作价值观)的。

关注薪酬福利没有错,但是过于关注,甚至在初试阶段,还不知道自己是否符合对方要求的情况下,就按捺不住地追问,就不一定是对的。

那么,可以问什么问题呢?我的忠告是:关注与工作相关的问题,薪酬福利问题留到正式谈 offer 时再问。比如,你可以问如下问题:

请介绍下岗位的具体职责。

这个岗位是新增的还是离职补充?

如果是新增,希望给公司带来什么价值?

如果是离职补充,希望和前任相比有哪些不同?

能否介绍一下团队的情况?

您觉得什么样的员工可以得到较好的发展?

如果我加入，您希望看到部门业绩有哪些改变？

这个岗位的发展路径是怎么样的？可以介绍下公司的晋升机制吗？

如果我通过今天的面试，下一步是什么安排？

如果我通过面试，您建议我在上岗前做哪些准备？

特别提示："针对不同的面试官问不同的问题"，要根据对方的身份，面试官所辖范围提问题，以便建立共同语言，也避免让对方很难回答而产生不愉快。

因此，请将"你有什么问题吗"当个面试问题去认真回答。切记：面试官的任何问题都是面试问题，面试室中无戏言。

同时，你需要考虑，要问几个问题合适？在以往的招聘面试过程中，有些候选人问了三个问题之后，还再不停地"我可以再问一个问题吗？"太多的问题无疑给对方"不知道重点"的感受。一般来说，作为面试的收尾，候选者有所准备地问2～3个问题是比较明智的选择。

〔Tips〕

> "公司对我会进行哪些培训？"这是个好问题吗？问这个问题的时候，需要加以小心，也许面试官会产生疑问：他可以胜任吗？他的学习能力怎么样？要有个老员工带才能独立工作吗？学习、成长的第一责任人是你自己，无论是否有相关培训，你都要快速地适应新的岗位要求，以最快的速度独当一面。

面试问题的思考策略

如上一节所讲，面试中，面试考官提出的问题一定是有目的的。他们关注的问题基本上是：

（1）能力的问题（能不能）。

（2）意愿的问题（想不想）。

（3）匹配的问题（适合不适合）。

纵观面试，面试的具体问题往往会包括以下的内容：

自我介绍

2~3分钟。

离职原因

这是必问问题。

杰克·韦尔奇曾说过："如果面试只问一个问题，那就问离职原因。"因为在离职原因中可以看到很多，特别是工作动机和价值取向。

尤其是在过往工作经历中，跳槽比较频繁的候选人更需要认真准备这个问题。

工作动机和意愿类问题

对于在原来一个公司工作过较长时间，或35岁以上的人，这个问题尤其重要。问题通常包括：

在原来的公司，你最有成就感的是什么？

你为什么应聘我们公司？

你的职业发展规划是什么？

什么样的工作能让你保持工作激情？

文化匹配度问题

文化匹配度，说白了，就是要看看你是不是一家人。阿里叫做"闻闻你身上的味道"。问题通常包括：

你喜欢在什么样的氛围下工作？

在过往的工作经历中，你最喜欢（最不喜欢）哪家公司的文化？

你喜欢（不喜欢）的上级风格是什么样的？

自我认知问题

良好的自我认知可以看到你的发展潜力，特别是能正视自己的缺点，才能有更大的进步。没有缺点的人，这个世界上是不存在的。

面试的问题往往会包括：

"你认为什么能激励你？"

"你有哪些优点？"

"你有哪些不足？"

有的面经上说："问你缺点时，你要把缺点说成优点，比如：追求完美，工作太认真。"这样的面经只能把你带进沟里。有经验的面试官一听就知道这是在闪烁其词，追问下去的话，或许得出的结论是：自我认知不清，不够坦诚，发展潜力有限。回归到问题本身，候选人在回答问题时只要不影响目标岗位的核心胜任能力就可以了。

给我印象特别深刻的有这样一个例子：

> **案例**
>
> 一次我帮公司 CFO 招聘特别业务助理，推荐了一个海归：国内名校本科，沃顿商学院 MBA 毕业，有大型外企工作背景，形

象、能力也很好。我本以为他会顺利通过CFO面试，没想到他给CFO出了一个难题：当被问到他有什么缺点时，他回答"没什么缺点"。这成了他最大的缺点。

CFO特别困扰，对我说："一个人怎么会没有缺点呢？我得好好想想。"以雷厉风行而闻名的CFO，想了足足一个星期，最终没有录用。当我通知这个候选人结果的时候，他满是遗憾。

体现能力的成就事件类问题

行为面试法是面试中最为常用的方法，如果你听到面试官说"请举个例子"，就知道他在用行为面试法了。

你至少应提前准备3~5个故事，就如同参加高考前你准备好几个立意不同的作文一样，考试拿到题目后，快速搜索哪个作文和题目相关，对原来的作文进行微调即可。现场写作文的，如果你没有特别的天赋，没有准备就现场写很难写好。面试过程也是如此，每一个故事可能体现出不同的能力，切记一定要与岗位相关（见图4-6）。

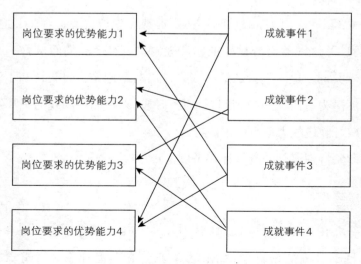

图4-6 岗位要求的优势能力与对应的故事

此外，除了准备体现你的成就事件，也要准备有缺憾的负面事件，这是压力测试环节。这样才能全面地评价你。

表 4-1 列出了面试中的常见问题。

理解面试官问题背后的考核要点，比问题本身更重要！

表 4-1 面试中的常见问题

问题	思考策略 （素质、能力、意愿、匹配性）
你的离职原因是什么？	工作价值观、求职动机
为什么应聘这个岗位？ 我们为什么要聘用你？	相关优势、求职动机
你遇到过的最大的困难和挑战是什么？ 请举出经历过的压力最大的例子。	压力承受、成就动机
你未来三五年的职业规划是什么？ 你为此做了哪些准备？	工作价值观、职业目标、稳定性、进取心
你做过的最有成就感的事情是什么？ 你最引以为豪的事情是什么？ 你认为最失败的事情是什么？	工作价值观、成就动机、进取心
请举出与他人产生异议的例子。 你是如何处理的？	沟通能力、冲突管理
你以前的上司有什么长处或短处？ 你期待有怎样一个上司？	匹配性 记住：这是个陷阱题，在任何情况下都不要批评你的上级！
为什么要加入我们公司？ 你理想的工作环境是什么样的？	匹配性、价值观、动机
你认为什么能激励你？	价值观、驱动力
你如何评价自己？ 别人（上司、同事）如何评价你？ 你的优势是什么？ 你的劣势是什么？	能力 个性与岗位的匹配性
在过往经历中，让你觉得遗憾的事（可以做得更好）是什么？	这是个负向问题，同时考察你的学习能力
过往工作中遇到棘手的情形，你是如何应付的？	逆商、问题解决能力

面试后复盘和跟进

《牧羊少年奇幻之旅》(The Alchemist)中先知说的一句话给我留下了深刻的印象:"问题出现一次的,不会出现第二次;问题出现两次的,还会出现第三次、第四次。"细细想来,确实是真理。面试是一锤定音的事,面试后每次都要复盘,让遗憾不再发生,不在同一个地方跌倒两次。

那么如何复盘呢?

把考官的问题在脑子里过一遍,想想考官问这个问题的背后的目的是否被你抓到?如果还没抓到,不妨转换下角色,假装你就是面试官,问别人同样的问题,也许你就会有不同的感受。

我在做面试辅导培训时,会安排一个练习环节:三人一组,分别轮流担任面试官、候选人、观察员。当学员做面试官时,就能感受到面试官问话时带有的期待,无论学员现实中是否担任过面试官。

找一个有经验的人(HR或管理者等有过面试官经验的人),了解他们对你回答方式和内容的反馈,看看他们听到这样的回答,有什么感受和评价。

如果还原到现场,再表达一次,你会怎么说?

一般情况下,面试时的感受是相互的,你感受良好的时候,通常对方感受也会不错,反之亦然,即我们所说的 chemistry。

在复盘之后,你问自己两个问题:

(1)我是否真的希望得到这个机会?

(2)是否可以再努力一下获得这个机会?

> **案例**
>
> 我曾是 Coco 的猎头顾问，她是一位 35 岁的已婚女性，名企工作背景，形象也很不错。她应聘一家知名企业市场总监职务。面试后，客户向我反馈：什么都好，就是担心她来了以后很快生孩子。我问 Coco："你的真实想法是什么？是否真心想去这家公司？"
>
> 她很坦诚地告诉我，这几年一直没有怀孕，看过医生，医生说以她目前的身体状况，还不适合怀孕，需要一两年的时间才可以；另外她真心喜欢这个机会，她也会在两年之内以工作为重。
>
> 我建议她给业务上级发封邮件，把真实想法告诉对方，让对方安心。于是 Coco 如此照办了，最终如愿以偿。
>
> Sherry 是一家公司的人力资源总监，非常干练，干活不要命，强势嘛，对于她这样的女人是相伴而来的，找一个包容她的强势、给她充分发挥空间的老板，并非易事。她面试了一家大型互联网公司做 HRBP Head（人力资源业务伙伴总负责人）的职位，和这个岗位的上级（HRVP）相谈甚欢。然而，事情并非如此顺利。公司业务发生了变化，这个岗位被调整没了。她主动联系 HRVP，又加微信又加微博，时不常通报下目前状况。真所谓功夫不负有心人，半年后新职位产生了，Sherry 顺理成章地成为这个岗位的第一人选！

面试后的"临门补射"，不是谁都可以做到的，要具备以下基本条件：

（1）符合岗位的基本要求，"像咱家人"，面试官对其有好感。

（2）面试过程中要有"亮点"，能感染对方、打动对方。

（3）具备发自内心的真诚和强烈的加盟意愿，公司的品牌、文化或上级深深吸引你。

（4）个性上的不足，是可以弥补的，而不是致命的。

（5）最后补这脚，方向明确，一脚入门，不然你就彻底死翘翘了。

即便是不能"临门补射"，面试后还要做以下几件小事，最起码可以体现你的职业化：

（1）面试一天内：发封短信、微信、邮件等，向对方表示感谢，但切忌问面试结果。

（2）面试一周内：跟进面试进展或下一步的面试安排，或在对方承诺的期限没有反馈，可以跟进电话、短信、微信或邮件问下情况，表达自己想加入的愿望。

一般来说，公司面试官喜欢候选人主动跟进面试结果，但不喜欢跟进太紧。在跟进过程中，要表现得礼貌、职业，不过分紧追不放，"适度"也许更加安全。

面试中必死无疑的三个表现

面试过程中，你若出现这三种行为表现，基本"必死无疑"：没意愿、情绪化、争辩。

没意愿或意愿不足，是第一杀手，比能力不足、经验不足杀伤力大得多。

> **案例**
>
> 给我印象很深的一个候选人是来自一家著名跨国公司的Jerry。那年我负责联想的招聘工作，恰逢联想国际化转型。Jerry是一家猎头公司推荐的。见到我时，他一副傲慢的样子。见到业务部门的面试官后，他的傲慢被面试官捕捉到了，于是问他："你为什么来看这个职位？"Jerry答："我就是来看看。"之后，我被业务部门狠狠地批评了一顿，猎头公司则被我狠狠地批评了一顿。

> 后来，这个候选人很后悔当天的表现，他说本来就是想看看的，没想到联想和他想象的很土的形象不一致，现在很想再谈一次。业务部门和我都没有给他第二次机会。

有了这个经历，我做猎头时就特别重视候选人的意愿，不会推荐没有意愿的候选人，那是浪费大家的时间，也破坏猎头顾问的口碑。

有情绪化表现的，面试通过率为0。

面试官往往带有迷惑性，使你忘了坐在你对面的是面试官。

案例

> 有一次，我应邀去作领导力测评顾问，为某地级市的国有银行选拔支行行长。见了五十多个本科生、专科生后，Yoyo的到来，让疲惫的我们眼前一亮：硕士研究生毕业五年，文文静静，优雅而知性，测评师们都期待她有好的表现。在结构化面试中，她表现得都挺出色。当问到最后一个问题的时候，测评师们大失所望。
>
> 这个问题是负向问题：请举一个现在想起来后悔的例子。她听到这个问题，眼泪涌上来，仿佛心被狠狠地戳了一下，她哽咽道："最让我后悔的事是硕士毕业时没有听父母的话，来到了这个城市，本来我是可以留在省城的……"猜猜看对于为客户选择后备力量的我们，会如何评估她的表现呢？

是不是只有年轻人才会出现这种状况？显然不是。

案例

> 丽丽是一家知名企业的HR总监，40岁，我认识她至少十年了。因工作压力过大，正赶上内部组织结构变化，她原来的工作范围急剧缩小，她的职业发展仿佛到了一个死角。这时候，丽丽让我

帮她看工作机会。因为我认识她多年，一点儿都不担心她的专业能力和敬业精神，让我唯一担心的是她的情绪管理。但是我想，她做总监已经四五年了，已过不惑之年，应该不那么感性了吧？带着这份期待，当然也带着些许的紧张，我把她推荐给一家成长性非常好的公司，她的背景、风格、专业要求都符合这家公司的期望。很顺利，她通过了第一轮面试，对方非常满意，很快丽丽又参加了这家公司的复试。然后，就没有然后了。

在我的一再追问下，客户COO（首席运营官）道出实情。COO是个女性，干练知性，她无奈地说："我好郁闷呀，这候选人什么都好，最后问她关于目前的工作压力问题时，她竟然哭了，说了很多工作压力如何大的事，说了十来分钟。我们这样成长型的公司，她这么心里装不住事，再强的能力我也不敢用啊！"唉，我的战战兢兢，果然是不无道理的。

当我把这个反馈给到丽丽，丽丽委屈地说："她当时非常关心我的样子，我们谈得很好，我觉得我俩气场特和，没搂住情绪，我也没觉得她会介意。"

作为面试官，通常像水蜜桃，外表温柔、亲和，但内心有一个坚硬的桃核。这个核是什么？是岗位要求。桃核并不因柔软、多汁、甜蜜的桃肉而消失，它从你进入考场开始，到你离开，始终都在。找到与岗位要求匹配的人，全面评估考生或候选人，是面试官的职责。千万不要因为面试官的亲和力、微笑、共情，错把他们当成无条件接纳你的亲人。

争辩，请远离面试室。

有一次，我和一个业务经理一起面试，当场面试官与候选人就争吵起来。候选人离开后，业务经理愤愤不平。作为面试官，和候选人争吵显得不够职业，但一个巴掌拍不响，作为候选人，当与面试官的意见相左时，最好的方式是有礼貌地闭嘴，或转移到其他话题。无论是否被录用，与对方和平共处，对谁都是好的。切记：面试室是考场，不是战场。

说说薪酬这件事儿

找工作的过程中，薪酬是必谈的一个环节。

在职业转换辅导的过程中，经常有人问："薪酬涨百分之多少是合理的？""什么时候谈薪酬这个问题？"带着这些问题，我们先来思考如下几个问题：

问题1　薪酬高低谁说了算

第一，市场说了算

市场经济环境下，你的薪酬和市场行情息息相关。一般的企业人力资源工作者，会从专业的人力资源机构获取定期的报告，来制定公司的薪酬结构和薪酬预算。如国内知名咨询公司科锐国际、国际知名咨询公司Manpower（万宝盛华），你访问它们的网站，可以获取许多人才市场的报告。行业薪酬是各不相同的，比如传统的制造业整体薪酬相对于互联网行业就要低些。从环境、行业、地域、企业、职业、职级等不同角度看，薪酬状况也一定有所不同。

每个职位有不同的职级，每一个职级通常会有上下线。比如，8档的员工，薪酬就在此之内，如果比这个高，就要升到9档。有一次，我为一家公司招聘人力资源高级经理时，这个职位薪酬底线是40万元，而这个候选人当时的薪酬只有20万元，在发录用通知时，给出的薪酬就是40万元。

通常来讲，过往的公司如果比目前应聘的这家公司名气大，"出自名门"，那么涨薪的空间相对大些；如果过往公司比应聘公司低一个级别，薪酬可能得不到增长或有可能被降薪。有一次，我在帮助某跨国公司招聘组织发展总监时，该公司明确提出：如果候选人来自组织发展做得好的欧洲老牌公司，薪酬就高些。

如图 4-7 所示，如果你是合格的候选人，你在哪个象限？

同行业同职业 影响因素：原企业背景 好，涨薪的可能性较大 差，涨薪的可能性降低	同行业不同职业 涨薪的可能性降低
不同行业同职业 影响因素： 原行业背景 + 原企业背景 好，涨薪的可能性大 差，涨薪的可能性降低	不同行业不同职业 涨薪的可能性降低

图 4-7

第二，岗位的匹配度及急需程度说了算

如图 4-8 所示，你与职位的匹配度以及企业对该岗位人才的急需程度，也会影响到薪酬的调整情况。

非常匹配且急需 涨薪的可能性非常大	非常匹配但不急 涨薪的可能性降低
一般匹配但急需 涨薪的可能性比较大	一般匹配且不急需 涨薪的可能性降低

图 4-8

所以，跳槽并不一定涨薪，如果坚持涨 10% 以上的话，也许成为你的束缚。而事实上，涨薪过高，也许有存在陷阱的可能性。

问题 2　什么时候谈薪酬

大多数人谈钱都有点不好意思，也不知道怎么谈。

我在做猎头的时候，几乎都是我来替候选人谈。因为如果是候选人直接和客户谈，搞不好鸡飞蛋打，客户失去好员工，候选人失去好工作，而我的顾问们失去了奖金。可见，薪酬这件事对谁来讲，谈起来都不容易。

谈薪酬，要搞清楚三件事：什么时候谈？和谁谈？怎么谈？

请选择：

A. 第一次电话沟通时　　　　B. 初试时

C. 终试时　　　　　　　　　D. 终试通过后，背景调查前

E. 终试通过后，背景调查后

答案是D。在A、B、C三个阶段都是双方考察期，在还没有确定对方是否要你的情况下就谈薪酬，就仿佛树上的果子还没有长成，就开始讨论成熟后卖多少钱一斤一样，万一遇到风霜雪雨、病虫害，所有的谈判岂不是白费了。况且，因为走不到下一个流程，谈了也白谈。而终试通过后、背景调查之后再谈，也许薪酬条件双方不能达成一致，给提供背景信息的人造成麻烦不说，可能你会被动，甚至不得不接受。如果对薪酬不满意，这份情绪带到未来工作中，麻烦就更多了。

那么问题来了，如果用人单位在A、B、C环节问："你的薪酬期望是什么？"你不妨告诉对方你的现状是什么——记住：不要说具体的值，而是大概区间即可；并委婉地表示：还没用到谈薪水的时候，且除薪水外，你还关注工作内容、职业成长、团队氛围等因素，让彼此有更多的沟通空间。

问题3　和谁谈薪酬

请选择：

A. 参与面试的平级员工　　　　B. 业务经理

C. 人力资源部人员

切忌与A谈薪酬，即便是薪酬现状也尽可能不说。平级员工参与面试，主要是看你的专业能力，以及你能否与团队和谐相处。如果你的薪水比对方

高,很有可能为今后合作带来隐患。

通常情况下,B了解团队成员的薪酬情况,招聘岗位的薪酬有大致范围,只要不突破这个范围,他有权决定高低。如果要突破范围,一般要经过人力资源部审核。

至于C,则有两个岗位和薪酬有关:招聘主管和薪酬主管。招聘主管在接受招聘任务时,一般都会了解这个岗位的薪酬范围;而薪酬主管了解市场数据,当招聘主管提交录用审批时,通常经过他,他会提出专业意见,有的公司直接由薪酬主管出面谈。总之,C会参与到薪酬谈判中来。

问题4　怎么谈薪酬?

在谈之前,先要评估一下自己在对方心中的位置。

非你莫属:谈判空间较大;

可以胜任:谈判空间不大;

凑合能用:谈判空间很小。

除上述匹配情况外,影响谈判的其他因素还包括:行业情况、职级情况和前一家公司的情况。

当然,如果你以前的经历、能力都不足,这时对方想用你,薪酬可能同样面临被降级的情况。

是否要接受降薪呢?这个问题没有答案,关键是有一个合理的降薪理由。比如,从销售转人力资源,你从来没做过人力资源,对方要降薪,你觉得人力资源这样的机会难得,你希望沿着这条职业道路走下去,这样的降薪理由,是否可以被别人,特别是被你下一个雇主接受呢?站着下一步的下一步看看,你或许就知道答案了。

在以上情形都清楚的情况下,应聘者谈薪酬的步骤是(见表4-2):

第一步,盘点现有薪酬。

第二步,将现状报给用人单位。

第三步,让用人单位报价。

第四步,对比后做出决定。

表 4-2

项目		现状	用人单位方案
现金性收入	月薪		
	奖金		
长期激励收入	股票期权收入		
补助	餐补		
	交通补		
	加班费		
	其他		
福利	住房公积金		
	补充住房福利		
	补充养老(如企业年金)		
	补充医疗		
	其他		
其他			
合计			

在谈判时,尽量让对方先提方案。在薪酬谈判时,候选人在明处,用人单位在暗处,尽可能让用人单位的信息开放一点儿,这样双方才能更平等地对话。

候选人先出方案的风险是,报高了没有回旋余地,报低了自己吃亏。

当然,如果有猎头,那就交给猎头去谈吧,前提条件是猎头比较靠谱。在薪酬谈判时,猎头出面,三方都不尴尬,即便猎头没有谈成,你还可以跳出来挽回局面。

※ 结束语

找工作本身就是一份工作。这是一个过程，是一段在路上行走的过程，是不断和潜在雇主接触的过程。自信、积极、得体、有所准备是前进路上的锦囊。

有时，可能你会很幸运，先后拿到几个 offer。这时，你会如何选择？"决策平衡单"可以帮助你（请参见第 7 章）。

把握当下

职业管理的过程就是不断做选择的过程。
成长了,才可能有更多选择的余地。
成长,就在当下的每一天。
把握当下,才能拥抱未来。

不做"生锈的螺丝钉"

> **案例**
>
> 在某大品牌手机厂商日薄西山的那年,朋友把在这家公司工作的 Ella 介绍给当时做猎头公司合伙人的我:"你帮帮 Ella 吧,她在培训部工作了 15 年,人非常好。"
>
> 其实,在一个公司工作 15 年不换岗的人,对猎头顾问来讲不是好的候选人,但碍于朋友的面子,我见了她。Ella,40 多岁,严谨有余,而活力不足。问她的工作经历,我心里一阵阵悲哀:她 15 年基本就做了一件事:协调外部培训师和培训教室,虽然在培训部工作,却不会讲课,也不会做培训需求调研和访谈。由于这个工作压力和难度都不大,薪酬又不低,所以没换过职位,没想到这么知名的企业也有崩盘的一天。

Ella 就像很多我遇到的白领一样,像一颗生锈的螺丝钉。好的螺丝钉,拆下来还可以再用,而生锈的螺丝钉拆不下来不说,即使拆下来也毫无用途。

当你稳定在一个岗位上停滞不前,周而复始地做着同样的工作,工作方法没有改进、工作流程没有优化、工作内容没有增加、工作技能没有提升,你还感觉特别舒服的时候,我必须敲敲你的脑袋:嘿,你的职业危机时刻来啦！

在以往的客户案例中，Ella这样的情形比比皆是。到了企业变革时，职位受到影响，方觉后悔不已。

以下是我和一个知名跨国公司的财务部门员工的对话：

"老师，我做财务付款工作八年多了，不知道离开这里，可以找什么样的工作？"

"你在过往的职业经历中，有哪些变化吗？"

"我本科学的是商业管理，毕业后先是在一家小公司做了一年多的行政秘书，之后特别幸运跳槽到这里，在财务部门做这份工作。"

"如果没有公司的这次变革，你会一直做下去，是吗？"

"是的，我觉得公司知名度高、福利待遇都很好，自己又没有特别大的事业心，我想一直做下去。"

"那这八年时间里，有内部轮岗或做财务其他模块的经历吗？"

"没有啊，因为这份工作不需要像税务会计、出纳那样老跑外面，每天只需要在办公室审核票据，再直接进入财务系统就可以了。"

"如果离开这里，面对就业市场，你最担心的是什么？"

"我的工作内容太单一了，财务其他方面的工作如财务预算、财务分析都没接触过。现在，外面的公司对工作复杂性的要求要高得多，需要横向的知识和实操经验。"

"那你在这八年的时间里，自己有没有学习一些专业知识提升自己的专业能力或考一些证书？"

"没有啊，我觉得用不着……"

很多人都是这样，在享受着高薪福利的同时，慢慢失去了和市场接轨的工作能力，就如"温水煮青蛙"。一名员工在一个岗位上稳定三五年，就需要思考该如何学习和提升自己了。

如果你是一个保安，你觉得职业发展会有怎样的可能性？有这样一个真实的故事：

案例

> 在某集团工作的保安，平时吃住都在公司。大部分保安倒班休息的时候，要么呼呼大睡，要么天南地北地神侃。而就有这样一位保安，在休息的时间里，每天用两三个小时登录公司内部主页，了解公司的信息，研究公司的管理制度，学习网上的公开课程。平时，他还关注公司和部门在管理方面的实践。因为他的积累和勤奋，学习到了很多行政管理方面的专业知识和能力。后来他到一家上海公司就职行政主管，一边工作一边学习，考取了大专文凭。再后来他主动请缨到一线做销售，由于他业绩出色，被任命为大区总经理。

〔Tips〕

> 如果一份工作，毫不费力、周而复始，你要成螺丝钉了；如果从事一份工作三五年，你的工作职责，以及工作的深度和宽度没有任何变化，你需要警惕了，也许你要成为"生锈的螺丝钉"！避免自己"生锈"的方法，可以每个月、每个季度试着问自己："我还可以做什么有意义、有挑战或者与以往不同的事情，让我的能力有所提升？"

职业生涯花开花落

"三十而立，四十而不惑，五十而知天命"，这说的是生命发展阶段的一般规律，虽然个体会有所差异，但从这些规律中可以估算到自己大致的生命曲线。

职业生涯也一样。职业生涯管理专家舒伯特总结了职业发展的规律，提出职业生涯周期理念（见表5-1）。

表 5-1　职业生涯周期

生涯阶段	青年期 （14～25岁）	成年期 （25～45岁）	中年期 （45～65岁）	老年期 （65岁以上）
成长期	发展适合的自我概念	学习与他人建立关系	接受自身的限制	发展非职业性的角色
探索期	从许多机会中学习	寻找心仪的工作机会	辨识新问题并设法解决	寻找适合的退隐处所
建立期	在选定的领域中起步	投入所选定的工作	发展新的应用技能	从事未完成的梦想
维持期	确定目前所做的选择	致力维持工作的稳定	巩固自我，防备竞争	维持生活乐趣

一般来说，职业生涯转型大多发生在 25 岁、35 岁、45 岁左右。职业生涯中，无论是在公司内部还是外部，你都会经历几次选择，那么在每次的选择中，该如何把握机会？

初入职场，静待花开

我们每个人都会经历从学校到职场、从学生到职员的经历。踏入公司，在迷茫和适应中成长，你会遇到很多问题（请参考第 6 章"第一类问题：迷茫和适应"），我们也在一个个问题的碰撞与解决中提升。

对每个人来讲，可能关键的一步是：找到自己的职业坐标（请参考第 1 章第 4 节），明确你的职业定位。一旦做出明确的选择，就需要在该领域深耕细作，学习并发展自己。

作为人力资源外部顾问，我为一上市公司招聘和选拔储备经理。人力资源助理拿过来这样一份简历（HR 菜鸟，选简历有问题）：

> **案例**
>
> 重点大学毕业，化工科背景，在毕业后的五年时间里，在六家公司做过销售、采购、技术、项目、市场、工程等工作。

> 面试中，有这样一段对话：
>
> Tina：如果你加入我们公司，你想做什么岗位的工作？
>
> 应聘者：看哪个岗位有空缺，我觉得都可以！
>
> Tina：那你觉得自己的核心优势是什么呢？
>
> 应聘者：我各岗位都干过！
>
> Tina：相对于在一个岗位上做过三年以上的候选人，你的竞争力是什么？
>
> 应聘者沉默半晌，无言以对。

日本有句谚语叫"滚石不生苔"。所谓耐得住寂寞，才能有收获，花开须待时日。

全力以赴，花儿绽放

回想自己做 HR 的经历，从事过人员规划与招聘、培训、领导力发展策划与实施、企业文化、职业生涯发展等，但唯独没有从事薪酬管理。其中个由，自己清楚，因为对数字极为不敏感，所谓"有所为，有所不为"。职业历程中，做的时间最长、最有收获、最有成就感的就是培训与发展，根据公司的需求设计培训项目、组织实施、观察和评估，事无巨细，为了得到更多的学员"点赞"而乐此不疲。

后来，自己参与到部分课程的设计，和讲师切磋，最后走到讲台，成为内部培训师。每次的课程设计与讲授我都会阅读大量资料，做到全力以赴。

直到现在，走进了许多全球 500 强的公司，站上 7 个小时和学员分享并看到学员不停点头称赞，收到组织机构的反馈"听了三分钟，就知道您是我最喜欢的讲师"，收到学员的反馈邮件"感谢贵公司派来这么优秀的老师，我的成长也一定感恩于您的帮助和指引"，这些都让我激动、兴奋、自豪无比。

在前进的职业道路上，形成对自己清晰的认知，寻找到自己的方向和目标，找到自己的职业兴奋点，并全力以赴的时候，你的职业之花就会绽放。

我在培训课程上经常和大家分享"把握当下，即把握未来"。当我们脚踏实地，履行好今日的每一个角色，实践每一个任务，那么你的美好前程就会向你走来，有时会超出你的预期。

案例

如果你看过《我是演说家》这个电视栏目，那么你很可能知道"快递哥"的故事。他年薪百万，并有幸在阿里巴巴上市的时候和马云一起敲响了纽约证交所的钟声。是什么成就他年薪百万？是什么支持他从一个农村娃成为一个快递公司的分公司经理？

最初，他的梦想是走出农村，学门手艺，挣点儿钱，娶个媳妇。他的第一份工作是在酒楼做保安，每天午餐和晚餐前后，是他最忙碌的时候。其他时间做什么？他跑到厨房，帮师傅摘菜；跑到后厨，帮服务员洗碗；下雨天，他举着伞，将客人一个个带进餐厅，不顾自己全身上下淋得湿漉漉的。经理发现了，问他："你这样做是为了什么？"他坦言道："就是希望能进厨房，学厨艺。"随后，他有机会进到厨房，开始学习他梦想的手艺，工资也从原来的每月600元涨到了750元。

2003年，他改行，开始做快递。那是快递行业刚刚起步的阶段，实行计件制，没有业务薪酬自然就很少。于是，他印了很多张名片，到处扫楼，主动介绍自己。两个月后，找他派送的快递多了起来。慢慢的，他的月薪可以达到3万多元。之后，他主动给老板写信"希望更多挑战，主管一个分公司"，老板同意了。凭着他的努力，分公司业绩从公司系统内倒数第二名上升到正数第一名。

快递哥的故事对你有哪些启发？我想应该是：脚踏实地，不断突破自己，八小时之外主动承担更多的职责，帮助他人的同时也成就了自己。

当你全力以赴时，职业之花就会悄然绽放。

巩固提升，花落有时

花开有期，花落有时。我们最终都会在职场上谢幕。你希望自己即将在职场上谢幕的时候，是什么样子？

我总爱遐想，总是自然或不自然地考虑未来。我不是体制内的人，现在又不是铁饭碗的时代，我到 40 岁做什么？50 岁做什么？直到 2009 年，加入 Right Management，见到来自香港的 Sandy（我们的首席顾问），当年她 56 岁，还神采奕奕、不知疲惫地全球飞。我才发现，当我 50 多岁时，我也可以有这么体面的工作做啊！了解之后，才知道原来之前二十多年的时间她一直在大公司从事客户管理、培训与发展的工作，那么多的经验积累才可以让她在与客户谈判时进退自如，在演讲时容易抓住学员的眼球。

职场 30 年，成长，再成长

职场必有花开花落，可花期多长，谁说了算？该做些什么，才可以让花儿绽放香又浓，回味无穷？

舒伯特的职业生涯周期理论中，我们可以看到从参加工作，到职场谢幕，我们每个人在工作岗位上大概也就是 30 年。上一节我们也提到，职业转型大多发生在 35 岁、45 岁左右（见图 5-1），这其中，包括三个十年，俗话说"十年磨一剑"，那么每个十年该如何度过，才能让自己的职业生涯有意义、有价值？

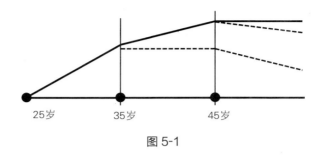

图 5-1

第一个十年：脚踏实地、快速成长

在给学生做导师时，经常有学生这么和我说："老师，毕业后，我不希望工作压力太大。"这时我经常会问他们："那你希望十年后的自己是什么样子？如果十年后，大学生请你做讲座，你希望如何分享你十年的成长和收获？为了达成这样的目标，该怎么做？"

我很喜欢微信上转载的这句话："千万不要在该奋斗的时候选择安逸，没有人的青春是在红地毯上走过的。"

高管大多是从打杂做起的，除非你是衔着金钥匙出生的富二代、官二代。

> **案例**
>
> 研究生毕业后，作为管理培训生，Charles和其他同伴一样，被安排在各个部门轮岗实习，这是一家出版社。他是英语专业毕业，在仓库实习期间，发现好多特别有价值的书蒙上灰尘，散落在各个角落。他用心地把这些书籍名称、出版年号、售价等信息摘录下来。晚上回宿舍在网上查找相关资料，查找畅销书的营销模式，之后写了一份长达7页的建议书，分析关于如何盘活这些优质的睡眠书。该建议得到了主管的赏识和认同，在销售部门的会议上，他的建议得到了采纳。三个月之后，这些图书在图书市场上变得畅销。

> 还未等轮岗结束,他就被策划编辑部的领导邀请加入该部门。三年之后,他又成功策划了一系列优质图书,畅销至今;八年之后,他成为部门经理。现在,他已经是这家出版社的高管了。

〔Tips〕

> 在第一个十年,我们每个人的精力往往是最旺盛的,学习能力、接受新事物的能力也往往是最强的。好好把握这十年,找到优势(实践中)、清晰定位(职业坐标)、志存高远、脚踏实地,你的职业之路会越来越顺畅。

第二个十年:运筹帷幄、健康成长

有了前十年经验的积累,现在,如何选择?你可能又会有一系列问题冒出来(请参见第6章"第二类问题:成长的烦恼")。

最常见的一个问题是:从事管理工作还是做技术工作?

这要评估前十年你的工作实践和工作积累,分析出:工作是以个人贡献为主还是以团队贡献为主?有哪些核心的能力?有哪些优势?你的特质是否适合做管理者?

举个例子,如果你是计算机专业毕业,毕业后的前十年一直做IT技术研发或测试,没主持过项目,也没有带过团队,那么你的发展往往会更集中在专家的角色;如果往管理路线上发展,需要增加团队管理的经验,逐渐转型。如果前十年是以带项目为主,充分体现了系统思维,以及组织协调、团队沟通、解决问题的能力,你更有机会从事技术管理工作。

05 把握当下

〔Tips〕

职业发展是Y形图不是V形图，就如同大树生根，长出主干一样，它才能长出枝干。经过前些年在某些专业领域的积累（生根），现在你可以选择走哪条路线（长出枝干）。没有好与坏之分，这和你的价值观息息相关，追寻内心的声音往往是最佳的选择。

同时，在每条路线前行的过程中，你还可以有机会再选择（如图5-2所示），尤其是你具备目标岗位所需要的可迁移能力时，你可以从技术专家转变为团队的管理者；同样，也可能从团队的管理者走向技术专家（如第2章提到的"看职位：梯子和格子架"）。

但无论在哪一条路线上前行，都需要持续积累，为未来的选择做储备。

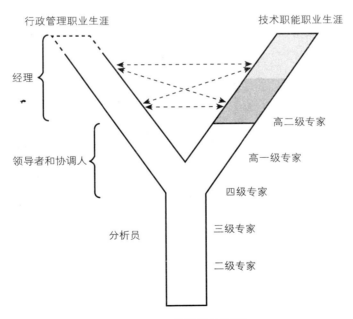

图 5-2　职业发展结构图

第三个十年：突破自我、不断成长

这个阶段，很多人会陷入"中年职业危机"。"中年危机包括对未来职业的担忧、对健康的不安、对工作的日渐消极。在发达国家，中年职业危机一般发生在 45～55 岁。"（摘自哈佛商业评论《如何抗击中年职业危机》）

> **案例**
>
> 46 岁的 Gary 是一家跨国公司在中国区的高管，由于业绩出色，他一直被公司列为高潜力、高绩效人才，是集团重点培养的对象。随着中国经济的快速发展，总部对中国业务格外重视，他开始日渐焦虑。工作中，他固执己见，难以控制情绪，甚至怀疑自己的领导力，团队士气也因此受到影响。

很多职场中年人士正经历着这样的煎熬。从心理学的角度看，中年职业危机的发生源于个人的自我意识。走出自我意识的困惑，从自我定位开始，重新发现自己的使命、愿景和价值观、优势（请参见第 1 章），然后设定目标，引导行为改变。

无可否认，在这个阶段，我们的精力和体力都在下降，在职场上年龄已经不是竞争优势（某些领域），那如何让自己的职业生涯"梅开二度"，如何将你的职业转变成自己的事业，或把你的职业当成事业来做，如何体现你持续的职场竞争力，是值得花时间去思索的问题。此时的你，也许还有许多梦想待实现，也许你想开启新的生活篇章（请参见第 6 章"第三类问题：中年职业危机"），那就要认真调整自己。

我们的职场和生活可以用三条线来归纳：生存线、职业线、事业线。

生存线：我们每个人为了生存都有所支出，40 多岁之前（在孩子养育成人之前），生活成本会有所加大。40 岁前后，财富积累基本完成，生活成本随着需求的降低有所下降。

职业线：初入职场，也许入不敷出。随着职业发展，收入增加。但是，到了一定阶段，你的年龄和经验都不再是优势，体力和激情都不同程度地下降，如果你的收入又高于同样能力的年轻人，职业线就会有所下降，甚至出现被淘汰的危险。

事业线：当职业线走下坡路的时候，事业线顶上来，让你未来的日子里更加有价值、有意义。这条事业线的终点是你来决定的，也许你可能像季羡林先生一样笔耕不辍直到去世；也许有可能像很多咨询顾问一样，60多岁依然精神矍铄；也许有可能你有自己的生意、爱好，并乐此不疲。事业线何时关闭，由你自己决定。而这条事业线很多人没有，甚至想都没有想过。事业线尽可能在发展期开始培养，投入时间、精力和财力，逐渐养大它。当职业线下降的时候，你可以坦然地面对，因为你有"后路"，事业线什么时候开启都不晚。

> **案例**
>
> Susan 是我认识的一位领导力教练，45 岁放弃了从事 20 年的 HR 专业工作，投入到教练事业。46 岁的时候，她开始学习北师大心理学博士课程。她说，她一直对心理学感兴趣，不仅仅是为了博士学位，系统学习专业的心理学知识，对于认识自己也很重要，对于自己的教练工作也能有所提升。
>
> Wendy 是我在 2012 年在英国认识的导游。她每天带团出行，在仔细安排大家入座后，一路上便开始不亦乐乎地讲解英国各类建筑，哥特式、维多利亚式、巴洛克式等。后来交流时才知道，她原来是台湾人，45 岁时放弃高中老师这个从事了 20 年的职业，来到英国读梦寐以求的建筑学，毕业后，考下了导游证……

〔Tips〕

> 我们的职业（事业）生涯可能不会局限于30年，也可能是40年，甚至50年。
>
> 2014年10月，我参加了来自美国年过七旬的形象管理大师卡拉为期5天的培训，她每天站着、神采奕奕地讲授7个小时的课程，充满智慧，气质优雅，我们每一个学员都被她折服。当我问及"您觉得自己还会讲多少年"时，她笑着说："还有那么多人需要我的帮助，我要讲到110岁！"

发挥优势，提升职场竞争力

美国管理学大师彼得·德鲁克在《卓有成效的管理者》（*The Effective Executive*）中写道："优秀的管理者以优势为基础——不管是自身的优势，还是上级、同事以及下级的优势，同时还以环境的优势为基础。"

在第1章，我们提到，发现你的优势要从能力和兴趣两个维度来探寻（见图1-3），你的优势来自于喜欢并擅长的领域。当你的"喜欢但不擅长"的区域得到发展的时候，你的优势区域就会不断扩大。

那么，在职业管理过程中，如何发挥你的优势？DAL模型帮助你。

D（do），放手去做：所谓实践是检验真理的唯一标准，围绕着你的优势去做，去实践，在做的过程之中不断发现、不断总结。

（1）工作实践中，有哪些任务、项目可以运用我的优势？

（2）这些优势对我的工作开展很有帮助吗？有哪些帮助？

（3）别人给了我哪些反馈，证明我的优势得到了发挥？

A（awake），保持清醒：经常盘点自己，优势是否得到了发挥。至少，每月对自己进行盘点，从时间分配的角度，问自己几个问题。

（1）每天的工作中，是否可以发挥我的优势？每周的工作中，是否可以发挥我的优势？每月的工作中，是否可以发挥我的优势？

（2）我该如何评估优势的运用程度？自己的感受是什么？他人的建议是什么？

（3）我还可以承担哪些新的任务、项目或角色，以便更充分地发挥我的优势？

L（learning），持续学习：围绕自己的兴趣领域，以及新任务、新角色带给我们的挑战，学习必要的新技能，不断提升自己，打造这一优势。（即优势矩阵中，高兴趣低能力的领域）

（1）我该学习哪些新的知识技能，获取哪些新的信息，才能更好地发挥我的优势？

（2）我的职业 Model 是谁？学习对象是谁？我的差距在哪里？

（3）通过哪些方式学习才能最有效？读书、网络课堂、行业会议、沙龙，还是参加一些培训班？

（4）寻找更资深的朋友、老师或导师，和他们一起探讨，"如何才能更充分地发挥我的优势"？

〔**Tips**〕

> 职业管理的过程就是不断发挥你的优势的过程，当你的优势不断得到发挥、得到扩展，你个人的职场竞争力就会不断得到增强。

直面变革，应变求生

我们生活在一个变化的时代，唯有变化亘古不变。

我们先来看几组数据：

在日本和欧洲，企业的平均生命周期为 12.5 年。

在美国，有 62% 的企业平均生命周期不到 5 年，存活能超过 20 年的企业只占企业总数的 10%，只有 2% 的企业能活 50 年。过去十年内，超过 5000 万美国人由于企业重组而失去了自己的工作。

1990—1998 年，全球财富 500 强企业的淘汰率达到了 54%，也就是说，9 年间有一半以上的财富 500 强企业消失了。

看到上面这组数据，你有什么反应？而我们就是生活在这样急剧变化的环境中。

还记得 20 世纪 90 年代末的国企改革吗？很多国企关、停、并、转，很多人就是在这样的环境中失去了安逸的工作，因为缺乏核心能力，又不愿意去学习，结果就成了下岗工人；也有人在这样的环境下只身下海，开始创业，成就了自己的一份事业。

"应变求生"是不想被时代淘汰的我们必然要做出的选择。职业生涯 30 年，无论如何，我们都要做出一些选择。即便是 30 年服务于一家公司，也会因为外界环境的变化，尤其是技术的变化，使企业进行变革重组，工作内容、工作性质都可能会发生转变，你的工作方式要随之发生变化。现在的职场现状，唯一不变的就是变化。

一般说来，个人对变革管理，心理上往往也需要经历如图 5-3 所示的四个阶段。

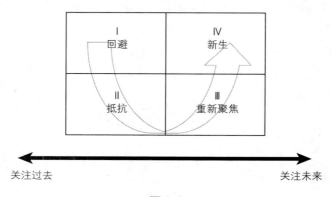

图 5-3

有些人适应变革的能力强，就能更快把握机会。

有些人采取逃避和抗拒的态度，即使机会来了也可能很快悄然消失。

面对变革，聚焦目标而非问题。下面三点建议，相信会对你有所帮助：

专注可以控制的领域

现实地看待你能够控制什么，不能控制什么，把时间和精力放在你真正能够控制的事情上（见图5-4）。"不要让坏天气影响你的心情！"当把注意力放在可以控制的部分时，你个人的影响力也就越来越强。

举例来说，现在雾霾天频频出现（关注圈），的确会对我们每个人造成影响。

面对这样的事实，我们该做些什么？（控制圈），比如：

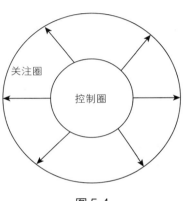

图5-4

（1）加强身体锻炼，提高身体抵抗力。

（2）调整膳食结构，增加排毒能力。

（3）绿色出行，为环保多做贡献。

> **案例**
>
> Sue在公司关闭时找到我，她显得很郁闷："公司还是赢利的，为什么说关就关了？我在这里服务20多年了，为什么说抛弃我就抛弃我？"
>
> 同样来自这家公司的Judy找到我，非常真诚地问我："如何让简历看起来更专业？我十多年没有在外面找工作了，面试时该注意什么？外面的就业市场是什么样的？我该如何更及时地发现用人单位的招聘信息？"

> 三个月后，Judy 找到了新的工作机会，而 Sue 还在抱怨和徘徊中。

保持积极心态

> **案例**
>
> 客户 Lin，是一家全球 500 强企业的 HR 经理，因为公司要重组，所以整体搬迁到上海，而她的家定居在北京。她得知工作肯定受到影响后就找到我，说："离开熟悉的工作了七年的公司，我还可以做什么？"
>
> 在和她交流了她想要的生活目标和评估她的价值观、能力优势之后，我发现顾问这个角色很适合她的需求，也和她的能力很匹配。她动用自己的资源，很快就找到了咨询公司的顾问职位，开始做项目。从 HR 转型到人才顾问，她仅仅用了三个月的时间，后来，她说很享受现在的工作角色。

是你的态度，而不是你的才华决定你的高度。任何事件的发生都有两面性。面对变革和不确定性，从积极乐观的角度去想可能给自己带来的机会与挑战，当一扇门向你关闭，另一扇门自然而然就会向你打开。

聚集目标，提升能力

失去了目标，就失去了前行的方向。面对变革，第一，向内看（看自己）；第二，向外看（看市场）。（请参见第 1 章和第 2 章）聚焦目标，发挥优势，并不断提升自己的能力，给自己新的舞台。

> **案例**
>
> 客户 Sarah 来自航空公司，过去的五年时间她一直做空姐，但航线取消了，她的工作机会没有了，又不想继续在空中飞了，还可以做什么？和她交流后，我发现她的气质很好，沟通表达能力都很强，又喜欢和别人分享。我问她："如果你去培训他人成为空姐，你觉得怎样？"她感到眼前一亮："那太好了！我还记得刚入公司的时候给我们培训的老师，她的专业能力让我很佩服，而且站在前面给别人讲课，那太有成就感了！"于是，她就开始在外面学习礼仪方面的知识，半年后，就开始了她的礼仪培训师生涯。

得体形象，助力职场

先试着回答这样两个问题：

（1）你走进银行，一个客户经理面目清新、西装笔挺、皮鞋锃亮，另外一个客户经理面无表情、衣服褶皱、鞋上沾满泥巴，请问，你想把钱交给谁打理？

（2）你是部门经理，正在实施继任者计划，有两个候选人业绩相差无几，背景也差不多，一个每天职业装，自信阳光；另一个不修边幅，慵懒无力的样子，请问你愿意把机会给谁？

形象的确在我们的职业生涯中起着重要的作用。那该如何管理自己的形象？如何得体地表达自己？

第一印象要精致

你给别人留下的第一印象只有一个。

统计数字表明,拒绝一个人大约只需要 30 秒!就如前面提到的,30 秒之内,你的简历会被拒绝,求职面试中形象也起着至关重要的作用。

案例

> 一次,我在客户的会议室分享"面试技巧与面试礼仪"的课程。这是 IT 行业的一家高科技公司,课程一天。
>
> 下午 2 点多,我正在讲课的时候,有个陌生的面孔走进来,他一边和在座的学员们打招呼,一边找位子坐下。我很好奇地说:"同学,你可以做下自我介绍吗?"
>
> 他说:"老师,抱歉,我刚刚从外面面试回来,所以来晚了。"
>
> 我问:"你面试的是什么职位?"
>
> "技术总监。"
>
> "面试结束了,你感觉如何?"
>
> "感觉那老板看我的眼神不对!"
>
> "哦!那我们一起来看一下你的包装。"露脚趾的拖鞋、七分短裤、圆领 T 恤衫,胡须长出了半寸,双肩休闲背包,这和技术总监的形象的确大相径庭。

想给对方留下良好的第一印象,需要符合第一印象管理中的 55/38/7 原则,其中,55% 来自你的外貌,38% 来自你的举止,7% 来自你讲话的内容(见图 4-1)。

很多人认为,外貌更多是天生的,来自父母的遗传。林肯说过一句话,40 岁之前,你的长相来自于父母;40 岁之后,你的长相靠自己。二十年再聚首,我们经常看到曾经的校花变成了明日黄花,可有的同学却"逆生长",光芒日益绽放。

> **案例**
>
> 2011年的一次教练技术课程上,我被坐在我右前侧的一位女士深深地迷住了。她身着玫瑰红色的小西装,笔直地坐着,自信而优雅,不时随着老师的教学深思或聆听。在人群中,她是让人第一眼就能发现的人。小组讨论的时候,恰好我们在一组,我很好奇地问:"我们可以交换一下名片吗?"
>
> 她很谦虚地说:"很高兴认识您!我是形象顾问Grace。"
>
> 从此,我走进她的课堂,学习形象管理的专业技术,并不断提升自己。现在,我成了她非常得意的"作品"。

良好的第一印象,靠临时抱佛脚,换换装,化化妆,只能解决一方面的问题。长久来看,你的第一印象管理来自于日常的自我管理与修炼。

"知性的、优雅的、坚韧的",这是我给自己定义的三个形容词,也是对自我的期待。所以,每一天,无论是在家里、厨房里,还是在外面的商务场合,或参加朋友聚会,我都会按照这样的自我期待不断提升自己。

如何提升形象

那如何持续提升你的形象,使其更得体、更自然、更闪光?

你也可能看到过许多案例,如一个保洁人员,经过形象顾问的整体设计,看上去就像"大变活人",马上高大上起来。外在的形象对我们的影响的确很大。对于我们身在职场的商务人士来讲,让自己得体至少要符合TOP(时间、场合、地点)原则:

阳光户外不穿深　阴天傍晚不穿浅
高雅场合不朴实　普通场合不华丽
休闲场合不庄重　严肃场合不随便

在提升外在形象的同时，学会"如何像奥巴马一样演讲"，可能也是我们要关注的一个课题。随着职位的提升、对外商务活动的增加，我们更需要不断提升自己的语言表达能力。想一想，说话时什么样的表情容易和对方建立联系？说话的声调即使不悦耳却耐听？说话的内容如何言简意赅？

不妨练一下"电梯30秒"，从一层做到十几层，就30秒的时间，你恰巧和自己的老板同乘一部电梯，你正有事情要向他请示，征询他的建议，如何在这短短30秒内获得老板的支持？

几乎没有人不喜欢奥黛丽·赫本，不仅是因为她迷人的外表，更是她独特的气质。气质的修炼，在坐立行走之间，在举手投足之间，瑜伽、舞蹈、体操等都是锻炼气质的有效方式。

人都说，气质是熏陶出来的，我也非常认可。环境对人的影响是潜移默化的。

案例

> 青青是我的闺蜜，气质优雅、得体，每次的朋友聚会中，她自然不自然就成为大家关注的对象。每天睡觉前，她一定会读书；每周，她会有三天早上到颐和园去散步；每月，她会和家人或朋友看两场音乐会；每个季度，她会参加一次书画展，字里行间、笔墨之间的挥洒带给她无限的意境；每年的暑假和寒假，她带着孩子，在路上旅行，从江南到西北，从宁静的古镇到喧嚣的市井，从亚洲到欧洲，体验时代与文明，开阔视野，涤荡心灵，所以每次见到她，她浑身散发的都是一种透彻的轻松、清爽……

我的书房里有一幅字画"腹有诗书气自华"。让自己沉醉于诗书中，其实是你与自己的一场心灵对话。

这几年来，我给自己的目标是每年读十本书。一是和专业相关的，提升自己专业能力，有深度的管理类书籍。二是滋养个人心灵的书籍，如毕淑敏老师的书等。同时，我是《读者》杂志的"铁粉"，基本每期必买，放在包里，随时取阅。

写到这里，想到早年间听过一段对话，演员蒋雯丽问她奶奶"怎样才能变得更漂亮？"奶奶说，你要多做善事，就会变得越来越漂亮。在力所能及的范围之内，尽可能多一些分享，多一些时间或精力的投入，帮助周围的人多一些成长，你将获得更多的内在满足感，即精神的滋养。

在和IBM公司一位女性高管一起做项目时，闲聊时她说除了日常的工作之外，她每年会花上几天的时间走进贫困山区，给大山里的孩子们讲课。虽然跋山涉水很疲惫，一切都还是自费，但却给她带来前所未有的满足感，觉得自己特别有激情，一下子变得特别有能量。

这几年，我们走进清华、北大、对外经贸大学，自愿为学生提供职业生涯管理方面的咨询和辅导，虽然每次的沙龙与分享要投入许多时间和精力，但学生带给我们的朝气，答疑解惑中给我们带来的满足感也滋养了我们的心灵。

〔**Tips**〕

> 杨澜说："形象永远走在能力前面！"谁都没义务透过你邋遢的外表，去发现你优秀的内在。虽然我们一再强调不要过分关注一个人的外表而忽视了其内在的品质，但我们也要认识到，一个人的外表，是一个品牌；一个人的形象，是一张名片。衣着得体、外表端庄是对他人的尊重，也是自我成熟的表现。

令我很骄傲的是在近两三年的培训和辅导过程中，因我的专业、也因我的得体形象，影响了很多职场人士，看着她们一个个更爱自己、更加精致、更热爱生活，真是无比兴奋。

职场的 model 和 shadow

这段心路历程来自 2000 年初，当时我还在公司做 HR，负责培训与发展工作。在一次领导力课上，我们请到某知名咨询公司的讲师，女性，40 多岁，很是知性、静雅。突然之间，我内心萌生了一个念头，如果过十年，我能成为她这个样子，那该多骄傲啊！现在想起来，这位讲师真的成了我的职场 model。

直至今日，我成为"她"，走进许许多多全球 500 强企业，在分享课程和辅导他人的过程中，感到无比自豪。

职场上，你期待成长什么模样？谁是你的 model？他（她）是从事什么工作的？他（她）吸引你的是什么？他（她）具备哪些方面的特质？怎样做才能达到这种境界？

关于 shadow，我们在第 2 章第 7 节提到，你想做一个职位，你就去跟班，现场去观摩、学习、参与，然后做出决策。

美好蓝图需要设计，更需要去一笔笔描绘。"以终为始"，寻找自己。

（1）职业愿景：当我即将职场谢幕，那时，我最理想的职业角色是什么？

如果有三个你的主要联系人和你交流你过往 30 多年的职业经历，你最想和他们分享的是什么？你是如何影响他们的？

（2）长期职业目标（5～10 年）：从你现在的职业环境出发，观察你所能触及的人际网络，有哪些人的角色是你最想拥有的？

我最想成为他（她）那个样子，如果成为那样，我就会无比幸福与满足。

他（她）是位企业家、高级经理人、成功创业者，还是技术专家？

现在开始，我要做些什么？

（3）短期目标（2～3 年）：在现有的环境和资源下，我可能有哪些机会？

我的优势是什么?

如果成为理想的角色,我需要提升哪些方面的能力?我该如何提升?

[Tips]

> "职场如登山,设立目标后就要勇往直前,直至达到高峰。在漫长而艰辛的路途中,尤其是女性,要不断给自己勇气和力量,克服重重阻力,历练内心,最终成为行业中的佼佼者。"——王石

(4)制定个人发展计划。

我的目标是什么?挑战是什么?

目标角色的能力要求是什么?

我的能力优势有哪些可以帮助我达成目标?

差距在哪里?我有哪些学习资源?我喜欢的学习方式是什么?

(5)把个人目标转化为每天的行动(见表5-2)。

表5-2 个人发展计划表

目标	能力需求	需提升的能力	行动计划(SMART)		
			行动方案	衡量标准	完成时间、谁来监督

注:行动方案包括三个方面:70%在工作中学习,20%向他人学习,10%在课堂和书本中学习。每项计划都能找到三个以上的行动方案。

"具象化法则"可以帮助我们实现目标,也就是形成一个具体的图像化思维,激发我们的动力,促使我们每日朝着期待的方向迈进。

和大家分享一下我的2015年的具象化目标图像。看后,你有什么感觉?很多听过我的培训的朋友说,很是震撼。

图 5-5 2015 突破自我、略胜一筹

你的感觉如何？心动不如行动，现在，拿出纸笔或电脑，描绘出你的具象化目标图像吧，书面的目标会更清晰，更有方向感。

如果你看了上面的文字，还是无法找到你的 model 和 shadow。那么请参见第 2 章第 7 节。

※ 结束语

把握当下，拥抱未来。

时光不倒流，在职场上打拼的三四十年，志存高远，脚踏实地，坚定信念，持续在某些领域积累和精研，必将绽放最精彩的你。

职业管理中的三类问题

当一个人真正开始寻找自己的时候,
才能够清楚地看到自己的价值。
了解自己的优势和劣势,
了解自己深层次的需求,
才能真正给自己一个正确的定义和目标。

在第 5 章我们提到：职业生涯 30 年，职场花开花落，你越想让自己的"职场花期"更长，你就越需要管理。成长是不变的主旋律。

在每个十年，你都或多或少会碰上一些困惑。在我们过往上千个案例的咨询和辅导过程中，我们发现这些问题大概是有规律的，比如初入职场的问题、该如何发展的问题、中年职业危机问题等。本章，我们就从这三类问题出发、从一个个案例着手，看看哪些有你过去的影子，哪些是你现在正在焦虑的问题、哪些是你还没想到但能启发你思考的问题。

现在，就让我们带上问题出发！

第一类问题：迷茫和适应

当理想遇见现实

Sharon 大学毕业了，顺利地找到了一份在银行里的工作。那可是她梦寐以求的，工作环境好，待遇不错，尤其在老家人眼里，显得很有面子。

实习不到 2 个月，Sharon 便找到我，开始抱怨："现在的工作很没意思，每天培训的都是最基础的工作，如何点钞、如何回答客人的问题等，也用不上我风险分析方面的专业知识。而且每天都加班，周末还要上班！我喜欢朝九晚五有规律的生活，希望下班后的其他时间都是自己的，要是能外派海外就好了。"

那失望的眼神让我很是痛惜，"我可以给你介绍一下外派海外的工作状态吗？"我说。

当听我说有些海外项目工作经常外派两年不得回家、很多施工项目都在荒芜的野外住帐篷，以及文化冲突和生活习惯的种种不适应，她停止了抱怨。

思考策略：

（1）采用漏斗法：哪些是我必须想要的？（请参见第1章）

（2）客观了解工作世界（请参见第2章），以及确定自己的"职业坐标"，采用"职业访谈"策略让自己的职业定位更清晰。

（3）了解职业生涯发展规律（请参见第5章），初入职场，要脚踏实地地做起。

适应还是适合

案例

Dai本科学的是金融专业，又考了第二学位人力资源专业，研究生时保送本校继续读金融。她很苦恼地找到我，说："老师，我以后是做财务方向，还是做人力资源方向呢？"

在分析了财务岗位和人力资源岗位对人的核心能力要求的差异后，她还是不知所措，我建议说："那你就去实习吧，看自己的兴趣到底是什么。"

后来，她在一家金融类别的公司做三个月实习生，人力资源岗位；在另一家会计师事务所做实习生三个月，统计分析岗。半年下来，她给我反馈："老师，我觉得自己更擅长财务方向，因为我对数字特别敏感，很容易看到各个报表之间的问题，写起报告来得心应手，而且特别开心。"于是，研二实习时，她就确定了财务方向，开始为找到合适的工作做准备。

思考策略：

（1）评估自己的优势到底是什么，找到"喜欢又擅长"的部分（请参见第1章），看自己是喜欢和人打交道还是和事打交道，喜欢看到成果还是喜欢研究概念。

（2）去访谈、实习、做义工、观摩等，体验和了解那份工作到底意味着什么，采取用第2章"职业体验，让感觉落地"中提到的方法，找到自己的位置。

当专业与职业不符

案例

Cindy是我清华的学生，一次课后，她跑过来跟我说："老师，我很喜欢人力资源这个工作，可是我本科是学环境的、硕士是学大气的，人力资源一点儿都不搭边。我该怎么办？"

我上下打量她，富有亲和力、落落大方、眼神热情，的确是人力资源的好苗子。于是我问："你实习过与人力资源相关的职位吗？若没有，那就找机会实习吧，也许可以从EHS（员工健康安全）开始，你学环境的，一方面可以发挥你的专业优势，一方面EHS和人力资源相关性很大，在有的公司属于一个部门，那样你转换到人力资源其他模块的可能性会很大。"

我的一番话点醒了她。她开始寻找EHS实习的机会，很快她被一家知名的国际大公司录取了，暑假实习三个月。实习期间，Cindy优秀的素养，以及出色的学习能力和项目管理能力得到充分的体现，实习期结束，她到上海总部做实习汇报，赢得公司一片赞誉。毕业之际，她被推荐到全球最知名的一家化工公司面试，相关的教育经历和实习经历为她锦上添花，她很快赢得了offer。该公司EHS是全球企业的典范，几年内她将有机会在全中国甚至全球轮岗，无论是职业发展还是薪酬福利，对她来说都是最好的选择！

相比Cindy的华丽转型，再看看这个姑娘，她叫Dora。课间，她拿着简历问我："老师，您看我这简历行吗？我马上本科毕业了，想做人力资源，为什么没有面试机会呢？"

我认真看看她，又看看简历。她是一个目光迷茫的女孩，历史系本科生，简历上没有任何与人力资源相关的信息。我问她："如果你是企业HR，你会放弃管理、心理学等与人力资源相关专业的学生，选择见一个历史系的学生吗？"

她答："也许会，因为我是清华的。"

我又问："那如果那些相关专业的学生也是清华的呢？"她呆呆地望着我，没说话。

我又问她："你为什么要做人力资源呢？"

她答："因为不喜欢自己的专业。"

我接着问："那你为转到人力资源领域，做了哪些准备呢？比如，是否打算研究生学人力资源相关专业，或者选修相关课程、参加人力资源师的认证，或者到企业里实习人力资源岗位？"

她眼神更加空洞了，答："我不想上研究生，也没做过什么准备……"

你觉得Dora会转型成功吗？

思考策略：

（1）了解目标岗位所需要的能力，了解自己的能力优势以及和目标岗位的能力差距。

（2）制定个人发展计划，采取行动提升"喜欢但不擅长"的区域，以缩小与目标岗位能力要求的差距。（请参见第1章第2节）

（3）找到转行的突破口。

盲目考证有用吗

大学里很常见的现象是同学们争先恐后考很多证书，而这些证书是干什么用的，却一头雾水；而有的呢，又恰恰相反，想去某个专业领域发展，却不去考相关的证书。

不少已经工作的人经常问我：我要继续上学吗？我要上MBA吗？

我有一个学员，不喜欢和人打交道，更不喜欢管理人——不具备管理者必备的动机和特质，却非要上MBA……

思考策略：

（1）我的职业目标是什么？与此匹配的"职业优势"是什么？（请参见第5章第4节）要做这些职业，必备的硬件条件是什么？

（2）我们的时间和精力是有限的，"正确地做事"重要还是"做正确的事"重要？这是一种选择，选择的依据还是你的职业目标。

（3）如果你想发展自己的兴趣，如何做？（请参见第1章第5节）

遇到"不完美"的上级

"给我面试的技术经理，一提到技术，还不如我呢？面试如何进行下去？"

"工作中，经常领导解决不了的技术难题都扔给我了，他的技术能力还不如我，这样的人凭什么做领导？"

"我对我的技术能力非常有信心,可领导为啥就不喜欢我呢?"

"工作时间聊天,下班时间加班,半夜电话,碰到这样的领导,你怎么办?"

"我们每天忙得团团转,事多错的概率就大,他又不检查,每次客户投诉,领导就会毫不留情地指责,一点都不承担责任。"

"做领导就可以随便发火吗?为什么他一遇到挫折就拿我们撒气?"

"事无巨细,感受不到一点信任。每天都写报告,你出差刚落地,领导便打电话给同行的人,我们是不是在一起?"

"老板今天刚派任务,明天又上马新项目,加班都做不完,又不给任何支持!"

……

你在工作中是否也遇见过这样的领导,此时,我们该如何做呢?

思考策略:

领导是人,不是神,所以一定会有缺陷。接纳他的不完美,因为没有哪个人"完美"。

每个领导者的成长历程不同、教育背景不同、面临的挑战不同,自然他的领导风格就会有差异。

(1)选上级:你心目中理想的上级形象是什么样的?你希望领导是年长的还是年轻的?是和蔼可亲的吗?是逻辑清晰的吗?你希望是专业能力特别强的,还是特别授权给你空间的?如第4章提到面试的过程是相互看的过程,你可以通过面试来评估上级的大致风格是不是符合你的预期。

(2)管理你的上级:上级的成就依赖于团队每个成员。管理上级的期望值,需要明确你在部门的价值是什么,并思考如何发挥优势(请参见第5章),提升对岗位对部门的贡献。

(3)信任与尊重:这是一个互动的过程。你能够出色完成上级交代给你的任务,你的价值慢慢就体现出来了,你会越来越被信任;尊重上级的权威、信任他可以给你提供更多的资源和帮助,才能体现上级的价值。

（4）问自己如下几个问题：

什么人能与上级相处好？他们有哪些行为表现？

与上级工作的过程中，哪个时段或瞬间，与上级相处和谐？

上级是真正的"奇葩"，还是犯了经理们常见的"通病"？

离开他，今后会不会还会遇到类似的情境？

为啥倒霉的事情总找上门

> **案例**
>
> 2015年是Zoe进入职场的第五年。在做职业咨询的时候，我了解到，这是她第四份工作。我很好奇地问她："每段职业经历这么短，都是因为什么跳槽？"
>
> 她说："第一份工作是行政文员，因为刚毕业，专业是环境保护，就业市场很不好找工作，所以我就来了。工作了一年多，企业经营不善，我不得不离职。第二份工作是市场助理，我觉得也很不错，工作了一年多，市场部门和销售部门合并，我的工作机会也没有了。第三份工作是市场专员，做了半年，公司削减预算，市场部取消了；第四份工作，公司比以往的都正规，还是做市场专员的工作，但后来公司被收购了，我的工作又没有了。"

你看到这里，有何感想？

每次被动跳槽，是公司经营问题还是个人选择问题？要知道选择本身也是一种能力。

思考策略：

（1）加入什么样的企业？初入职场，选择处于发展期的公司往往意味着你的职业生涯能持续得到稳定健康的发展。如何选择，请参见第2章。

（2）为什么受影响的总是你？提升可迁移能力、发挥优势、提升职场竞争力，让个人价值得到体现（请参见第1章和第5章）是解决问题之道。

> **案例**
>
> 小林毕业时去了一家初创公司，从打杂做起，先后从事工程安装、客户维护等工作。在施工的过程中，总会有意外的事情发生，他不仅能从公司的声誉角度出发，还能从成本、效率的角度快速解决客户的投诉。同时，在和老板沟通的过程中不仅反映问题，也提出了合理化的建议。小章也是同一时期加入公司的，在出现上述问题时，他打电话问老板如何处理，这个问题处理完，新问题接踵而至，又是一番电话请示。四年后，这家初创公司被行业巨头收购，小林得到了推荐，并在主管选拔面试中脱颖而出；小章则失去了工作，不得不到外面重新找寻。

面对诱惑，怎么办

初入职场，对很多事情都感到新鲜、好奇。对于薪水，既要求实际，也特别敏感。

> **案例**
>
> Jeff大学毕业之后做采购助理，半年后，发现大学同班同学的收入比自己每月多1000元，就有些按捺不住，准备跳槽。找工作很顺利，一个多月就找到了新工作，每月薪水多了1000元。不到一年，他又觉得现有工作重复单调，于是跳槽到同行业继续从事采购助理的工作。又可以学到新东西了，他很兴奋。就这样，5年之内，他跳槽了3次，每次采购模块的岗位都有变动，每次薪水都略有增长。

> 5年之后，同学再聚首，原来的同学在原公司得到了更好的发展，已经升为采购经理，薪水基本翻了一番。忽然间，Jeff 有些失落了，30多岁了，下一步该怎么办？

思考策略：

职场生涯30年，你要如何度过？你希望在履历上有几份工作经历？

（1）请参见第5章，了解职业生涯发展规律。

"职场花开花落"——初入职场，如何静待花开？

"职业生涯30年"——第一个十年，如何发展？

（2）请参见第3章，了解如何避免成为"不受欢迎的简历"。

（3）对于薪酬，要看3～5年的总体收入。如果只看当年，也许就面临 Jeff 的问题了。

第二类问题：成长的烦恼

来自老板的召唤

案例

> Celia 担任老板的助理五年了，主要负责会议接待、日常行政管理、酒店机票预定和物业的沟通等工作。做了这几年，他实在有些烦了，便去国外读 MBA。
>
> 两年之后，她回国开始找工作，却发现自己在人才市场上没有什么优势。想做市场营销，却发现对行业、专业知识都不是特别了解；想转型做人力资源，却发现自己没有任何专业知识的积累。徘

> 徊之间，恰好原来的公司组织年会，老板邀请 Celia 参加，并希望她重新回到公司做助理的工作（Celia 的继任者的工作能力得不到领导的认可）。考虑到薪水还可以提高 15%，工作内容又熟悉，没有太多压力，Celia 在春节之后就开始工作了。
>
> 公司在国内的发展非常稳健，二十几个人的队伍非常稳定，所以 Celia 的工作又开始陷入循环重复之中，加薪带来的喜悦在不久之后无影无踪，倦怠来袭……

思考策略：

（1）你希望自己在职场谢幕的时候，是什么样的角色？你的职业愿景是什么？如果写封信给未来的自己，你希望十年后自己是什么样子？

（2）如果在职业坐标上给自己一个定位，你希望自己在哪里？

（3）你的兴趣是什么？你的优势是什么？和目标相比，你具备哪些可迁移能力，你有哪些差距？你如何提升自己？你的行动计划是什么？（以上问题请参见第 1 章）

（4）你的职场 model 是谁？那个角色需要具备哪些能力和哪些特质？你如何达到？（请参见第 5 章）

（5）如何进行职业访谈，把你的感觉落地？（请参见第 2 章）

35 岁了，我怎么也要做个管理者吧

在职业管理中，很多人都对自己有这样的期待——成为一名管理者。

在咨询过程中，我遇到过一些职场人士，他们因为出色的业务能力被提拔为主管。但此后，他们发现自己并不喜欢做管理工作。一个客户这样对我说："好麻烦啊，以前做完自己的事儿就行了，现在还要关注他们的事情。特别简单的事情，他们也经常犯错，我十分钟就能搞定，给她做至少 2 小时。做不好，我还得帮她改。"两年之后，他觉得自己实在不喜欢带团队，不喜

欢因为带领团队产生的各种协调组织工作，就主动请缨，回去继续从事专业技术岗位的工作。

思考策略：

（1）管理路线和专业技术路线的差异：管理岗位以团队业绩为导向，技术岗位以个人贡献为导向，如资深律师、医生等。（请参见图5-2）

（2）哪个路线是自己的方向？需要系统评估工作价值观、性格、能力、优势等。（请参见第1章）

（3）职位没有好与坏之分，适合自己的才是最佳的选择。听从内心的声音，发现最好的自己。（请参见第7章第1节）

你要舒服还是要成长

案例

Eva在这家全球500强已经工作二十年了，自大专毕业后就在这里，先后做过行政文员、仓库管理员。行业巨头的身份给身在企业的人带来了无限的荣耀与自豪，环境、薪水、福利在行业内都令人羡慕不已。每天走路十分钟就可以上班，可谓"钱多、活少、离家近"。就在去年，公司战略重组，出于对成本核算等因素的考虑，外地的工厂和本地的工厂合二为一。Eva面临着去外地工作，还是留在本地等待失业的选择。因为家人在本地，孩子上学也在本地，所以只能选择离开这家熟悉的公司。

在职业辅导过程中，我问她："你在市场上的卖点是什么？"除了"稳定性强"，她说不出来。公司特别人性化，工作很安逸，所以过往的20年，她没有考虑过职业发展的问题；因为不需要直接和老外沟通，所以也没有练一口流利的英语，连读懂报表都成问题；因为安逸，所以没有核心能力和价值的提升。在人才市场上找了半年之久,她只好选择了一份家具行业的仓库管理工作,待遇自然没法和之前相比。

思考策略:

(1)失去饭碗,谁的错?在安逸的工作环境下,该如何避免"温水煮青蛙"?

(2)请参见第5章第1节、第3节,了解如何管理自己。

职业发展,谁负责

环顾周边的人,你一定会发现,有的人一路前行、步步高升,有的人却一直原地踏步。

案例

Tim和Jim在一家公司的同一个部门从事系统技术支持与服务工作,他们年龄相仿,都是计算机本科专业毕业,加入公司的时间也基本相同。Tim总是积极响应各部门的需求,无论是经理还是员工,谁系统上不去,电脑死机了,他都微笑服务,确保在最快的时间赶到,并进行专业诊断,及时给出反馈。公司系统升级,他主动请缨,参与研发、测试,积极协调外部供应商与各部门的需求。新系统上线后,又开始为各部门使用者提供培训和技术上的指导。

而Jim在接到各部门的电话需求时,总是缓缓地走来,别人问电脑什么时候能修好时,他很不屑一顾地说:"我也不知道。"公司上马管理系统,Tim叫他一起参与,他说:"工作职责上没写要做这件事情啊,多干活,又不多给你钱?"当Tim在加班加点上新系统时,他早就打卡下班了。

五年后,Tim升任技术总监,Jim还在原地踏步。

思考策略：

（1）你在为谁工作？你的价值在哪里？

（2）十年后，你希望自己的角色是什么？（请参见第1章第7节）

（3）职业生涯30年，你希望如何发展自己？（请参见第5章第2节、第3节）

我要转职业方向吗

案例

　　Amy从事软件测试工作已经有7年的时间了，她说她特别讨厌现在的工作，每天闷在计算机旁，连和人说话的机会都没有。之前选择做测试工作是因为自己学的是信息管理专业，所以做技术类别的工作薪酬高。

　　她说："我想做HR或像你们一样的职业咨询工作，我喜欢和人打交道的工作。"

　　"在以往7年的实践中，你对自己从事的哪个角色感兴趣？"

　　"以前参与一些项目，我负责协调，和其他部门的人一起共事，觉得很不错。那个项目实施两年，我感觉最好。"

　　"是什么让你感觉最好？"

　　"因为我有机会经常和他人建立联系，而不是天天对着电脑。"

　　"那从你的专业和兴趣角度出发，你公司内部有哪些工作是需要经常和人打交道的？"

　　"我看到周围的售前和售后工程师，他们经常和销售一起工作，经常一起拜访客户，我觉得特别好！"

　　"那从事这个类别的工作，你的感受会是什么？"

　　"觉得完全可以胜任。因为感觉你们很专业，我的能力和专业背景都不匹配。那我现在就开始找寻售前或售后类别的工作机会。"

思考策略:

(1) 职业转换时,你会有四种选择机会(见图 4-7)。

这里先做一下名词解释:

"同一行业",比如你在快速消费品行业,从宝洁跳槽到可口可乐,从汇源跳槽到卡夫,那这样的变动属于同一行业做选择;

"不同行业",如果从宝洁(快消品行业)跳槽到苹果(IT 行业),那这样的变动属于不同行业做选择。

"同一专业",如果你之前从事市场研究工作,那么跳槽到另外一家公司,还是从事市场研究工作,那么这样的变动属于同一专业做选择。

"不同专业",如果你之前从事的是研发工作,那么变动的时候从事了市场销售工作,那么这样的变动属于不同专业做选择。

离开原来的公司,直接转换专业方向机会往往比较少,但在公司内部转型往往会比较容易,比如由市场转销售,由技术开发转技术支持。(请参见第 8 章第 1 节)

《爱丽斯梦游仙境》中的这段对话,或许对你有所启发:

"你能告诉我应该朝哪个方向走吗?"爱丽丝问道。

"那主要看你想到哪里去。"猫回答说。

"去哪里都可以。"爱丽丝说。

"那你选哪个方向都无关紧要了。"猫回答说。

(2) 你内心到底要什么?你的兴趣是什么?你的可迁移能力是什么?你的优势是什么?(请参见第 1 章)

(3) 可以建立和自我的对话,寻找内心的声音,运用"目标五问"教练技术。(请参见第 7 章)

外企到民企，如何适应

> **案例**
>
> June 一直在 IT 公司做技术开发工作。在公司重组时，她离开原来的纯外企 Y 公司，选择加入了本土民营 T 公司。在新的公司工作了半年后，我们再见面。我问她："你感受差异最大的是什么？"她说是"文化的差异"，比如，以前大家都很有计划性，尊重约定，预定几点在哪里开会，都会如约到达；在这里有几次安排会议，都临时取消了，而且快下班的时候，领导会走到你跟前说："我们把那个问题交流一下吧。"这样，原来 6 点下班，就变成了 7 点下班。
>
> Alen 工作十年之际，在职业转型期去了一家创业公司，该公司已经拿到第一轮天使投资，市场潜力很大。他负责销售管理工作，以前销售工作既不打卡也很少加班，除非和美国总部开电话会议（因为时差问题）。到这里，情况大相径庭，开始了"996"生活（早上 9 点到晚上 9 点，每周 6 天），手机 24 小时不准关机，几次在半夜 11 点接到老板的电话，而且每周六被安排必须参加协调会。可是股权的激励太有诱惑力了，为了上市的梦想，为了自己价值百万，他觉得这一切都值得。

思考：

（1）转型期间，需要充分了解不同性质的行业、企业差异是什么，有哪些机会或局限，再做出正确选择。（请参见第 2 章第 1 节至第 3 节）

（2）清晰了解：你是谁？你希望的生活方式是什么？不同性质的企业，会对你的生活方式造成哪些影响？（请参见第 7 章第 7 节）

女性不得不面临的职场问题

30岁左右一般是生育哺乳期,对于女性来讲,是职业生涯中比较特殊的时期,不得不面对。

> **案例**
>
> Lilian是一位财务人员,30多岁时,结婚生子的事都完成了。每天面对孩子、保姆和老人,觉得自己的世界、空间变得那么小,和朋友、之前的同事聚会,虽然面孔熟悉,但感觉话题都很陌生,自己好像在另外一个频道。刺激之下,她决定重返职场,工作半年之后,她找到了新的方向;一年之后,因为工作业绩出色,晋升为主管。
>
> Gloria原来是一位猎头顾问,怀孕之后就退出了职场。三年内生育了两个宝宝,自己觉得做全职工作不太可能,凭借在原来公司良好的信誉和业绩,她成为公司兼职的猎头顾问,以项目为主,不用朝九晚五地奔波在路上了。
>
> Wendy在成了妈妈后,就一直以相夫教子为主。孩子上小学了,有了自己独立的伙伴群,需要妈妈的陪伴也越来越少了。她突然不知道自己的价值了,也不知该做些什么了。她想重新找份工作,但是离开职场十年之久,自己已经40岁了,原来的行政文员工作又没有太多的技术含量,自己的市场价值在哪里?她迷茫不定,不知该何去何从。

思考策略:

(1)你生命中的角色有哪些?除了妈妈、妻子,你希望自己是什么样子?

请参见第 7 章第 6 节进行自我对话。

（2）你的职业愿景是什么？未来的自己是什么样子？（请参见第 1 章第 7 节）

（3）你的短期目标是什么？你该做哪些准备才能实现你的目标？（请参见第 1 章第 3 节）

第三类问题：中年职业危机

40 多岁了，就等退休吗

最近看了桑德伯格的著作《向前一步》，书中说，作为 40 岁的职业女性，如果积极进取，以更加开放的心态，保持学习的热情和动力，还可以更好！

还记得第 5 章提到的导游 Wendy 吗？她就是在 40 多岁开启崭新职业旅程的。

2014 年，我参加"形象管理"培训班，讲师是来自美国的老师卡拉，那时她已经 76 岁。她说她要活到 110 岁，因为她有太多的事情要做，她要把形象与美丽传播到世界，还有很多地方没有走过。70 多岁的卡拉天生残疾，手指和脚趾（除了大拇指外）都不健全，小时差点被家人遗弃，但从她自信友好的面容上，你感受到的就只有她无限的美好，一种不屈不挠的精神，一种对生命价值的追逐，一种爱与平和。

思考策略：

（1）最重要的是不放弃自己，不放弃成长！（请参见第 5 章第 2 节、第 3 节）

（2）你可以继续管理目前的职业，提升你的职场竞争力，也可以探寻新

的职业或事业，了解自己的兴趣、可迁移能力、优势，重新定位。（请参见第1章）

（3）选定目标后，最重要的是有信心，勇于坚持，好多事是因为坚持了才看到希望！

为什么裁掉的人是我

在全球战略规划、业务调整的进程中，很多外资公司都出现了战略性裁员和人员重组的现象。在这个过程中，很多人的工作都受到了影响。对此，有些人积极主动，因此谋求了更大的发展，而有些人却不得不选择离开。

> **案例**
>
> Melon在20世纪90年代毕业于一所国内著名学府，毕业后分配到一家国企，从事财务工作，按部就班的生活让她觉得无聊。因为英语基础不错，她跳槽去了一家知名外企，继续从事财务，负责其中一个模块，管理人性化，工作量适度，收入也很不错，这些让Melon感觉非常满意，这一干就是十年。后来，公司管理系统整体升级改造，她的工作被财务系统取代了。42岁的时候，她不得不开始新的职业。
>
> Sunny计算机专业研究生毕业，参加工作后，凭着自己的聪明才智，获得了好几个专利，自特"编程牛人"。十年来，走过几家公司，工作总是游刃有余。领导的技术能力自然不能和他相比，因此他有了这种心态："你的技术能力都没我强，凭啥你领导我？"在部门会议和跨部门会议中，自然避免不了抵触、顶撞等行为，让领导"下不来台"。后来，因公司业务调整需要，有一部分人要离开，Sunny成为其中的一员。

思考策略：

（1）知识能让你走多远？随着新科技的发展，我们身处一个变化的时代，你变化了吗？职业生涯中，最重要的就是成长。（请参见第5章第3节）

（2）在组织中，你的价值是什么？公司为什么付薪水给你？在团队中，你有哪些独特的优势？你的职场竞争力是什么？获得他人的支持，你才能持续发挥自己的优势？（请参见第7章第3节）

就业难了，我是否要去创业

Adidas（阿迪达斯）的广告语是："Impossible is nothing！"（没有什么不可能！）是的，走出去可能海阔天空。但冯仑说过一句话："心里想着成功，看着希望，面对失败！"我觉得这句话对40多岁的创业者更值得品味。

> **案例**
>
> Meddy在49岁的时候，离开了生活近30年的外企圈子，经朋友介绍到三里屯一家会所，帮助打理生意，建设团队，管理运营。我问他为什么做出这样的选择，他说他想换一种生活方式。现在来到这里，不用每天面对电脑，处理看不完的邮件，做一个又一个PPT。老板看中的是他原来在IT行业规范化的管理经验、带团队的经验、流程化的运作经验，这是可以帮助到老板的，也是他的价值所在。相比单独创业，他没有那么多资本，风险也太大了。虽然这里的薪资待遇没有办法和外企相比，但经营业绩和个人贡献挂钩，而且分红机制对他还是非常有吸引力的。

思考策略：

（1）你的核心优势是什么？（请参见第1章第6节）

（2）你有哪些资源？

（3）你希望的生活方式是什么样的？为此你可以投入多少时间和精力？你愿意付出怎样的代价？（请参见第7章第7节）

随心所欲，还是继续以往的生活？

> **案例**
>
> Yukki在外企工作20年，已经做到了中国区最高的头衔。是继续这样走下去，一直到老，还是有别的可能？休年假的20多天里，她和先生一起去海外度假，海边的一次SPA，放松、享受、亲近自然、荡涤心灵的体验吸引了她。她毅然决然地开始调查了解SPA这一行业状态，外企养成的雷厉风行的做事风格迅速让她找到定位，在依山傍水、有消费能力的城市开了一家SPA体验馆，并和国际机构合作，提供行业内的资质认证培训。现在，她已经在这个行业小有成就，和她聊天时，她那放松、自然的气质深深地打动了我。
>
> Tony和太太准备换一种生活方式。在企业二十来年的打拼，他们积累了一定的资本。在他们居住的京城之地，外国人很多，很爱干净，衬衣、袜子可能都会拿去干洗。于是他们决定开一家自己的干洗店！他们迅速考察、租房、买设备、接受培训等，两年内忙得没有周末，没有休闲。第三年开始，附近的回头客越来越多了，优质的服务得到了客人的认可，现金流也正向了，他们开始思索着开第二家门店。

思考策略：

（1）你的内心到底要什么？你的可迁移能力是什么？（请参见第1章第1节、第2节）

（2）你理想的生活状态是什么？你愿意付出怎样的努力和代价？

我要一份安全的工作

在第 5 章第 5 节我们提到，我们身处一个变化的时代，在变革中，企业也面临着跌宕起伏。现在，很难说一份工作会让你做上一辈子，即便在推行"终身雇用制"的日本，职场人士也面临着挑战，需要不断调整人力资源策略。

在以往的案例咨询中，经常有客户跟我说，自己想要一份稳定的、安全的工作，如果可以，愿意一直做到退休。这其中不仅包括女性，也包括男性。

真正的安全来自于你自己！在变革的时代，如何培养自己"终身就业的能力"是我们必然的选择。

思考策略：

（1）如何不断扩大你的优势领域？每年发展 2~3 项能力，让你在职场上的竞争力不断增强。（请参见第 1 章第 6 节）

（2）若想在一个平台上发展，哪个行业、哪个企业性质的公司相对是稳健的？（请参见第 2 章第 1 节至第 3 节）

（3）如果以"养老"的心态加入任何一家企业，你的职业危机很快就会到来。谨记，职业生涯 30 年，不进则退，你的重要使命就是成长。（请参见第 5 章）

我要寻找一份时间自由的工作

自由的前提往往是不自由。

很多人往往是在一个岗位兢兢业业做了 10 年、20 年，才慢慢地走向了自由的职业与领域。

如果你一直从事自由、散漫、放松的工作，职业转型时，在年龄、技能都不占优势的情况下，你很难得到真正的自由。

案例

Queen 在一家小型民营公司从事行政管理、内部综合管理工作十多年,更早之前是在一家技术学校从事教学管理工作。目前公司重组,她不得不离开。在向我咨询的时候,她提出希望找到一份弹性工作制的工作,时间上能自由一些,她不想加班,压力也不希望太大。我在盘点她的核心技能后,发现她之前更多是事务性工作的重复与积累,因此转型困难很大。

思考策略:

(1)你的核心优势是什么?(请参见第 1 章第 6 节)

(2)你有哪些资源?

(3)你希望的生活方式是什么?为了这样的目标,从现在开始,你愿意付出怎样的代价?(请参见第 7 章第 7 节)

(4)你具体的行动计划是什么?(请参见第 1 章第 3 节)

我还有哪些可能

引用一句励志语录:心有多大,舞台就有多大。

在第 5 章我们提到了从保安到行政经理的华丽变身,也讲到导游 Wendy 在 45 岁到异国他乡开启新生活的故事。你可以阅读到很多励志故事,比如周群飞从打工妹到手机玻璃大王的成长故事,一然(大连)从老师到创业家的转型故事。身边还有很多这样的励志故事。

案例

Qin 高中毕业后在一家工厂的生产线上工作,认真细致的工作得到了领导的关注,又加上她一直在外面学习电脑,办公软件非常

> 熟练，她被调到车间从事统计员的工作，同时兼任着跨部门的事务协调。除了每月及时准确地进行部门统计工作，她积极参与部门其他事务，乐于帮助他人，这得到了其他所有部门的认可。公司每年都会进行储备干部培训，她开始学习关于管理、领导力的知识，两年之后，由于善于组织协调、熟悉业务，她被晋升为行政经理，那一年，她45岁。她说，她会尽职尽责地做下去。
>
> 前几天在路上一边开车，一边听FM96.6的节目，恰好听到这样一则故事：一位在外企工作八年的白领，改行从事快餐素食沙拉配送。她说："我原来就是做市场营销方面的工作，总想自己做点什么。我发现周围CBD的白领们，每天中午吃着地沟油做的菜，总有一种负罪感。在国外旅行的时候，发现素食沙拉很受欢迎。所以做了市场调查后，发现在国内一定有机会。刚好发小做餐饮已经好多年了，和她一拍即合，她做产品研发，我做市场销售。你看，半年的时间过去，我们每天的配送已经有三千多份。现在外地和我们谈合作的有好几家。我们今年计划在上海开拓新市场。"她的言语中流露出一种难以掩饰的满足感。

思考策略：

（1）你的梦想是什么？你的理想的职业愿景是什么？（请参见第1章第7节）

（2）你现在在哪里？你要到哪里去？你理想的角色是什么？（请参见第5章第7节）

（3）为了实现你的目标，你该采取哪些行动让理想变成现实？（请参见第1章第3节）

※结束语

职业生涯的路上，我们必然会遇到一些问题。有些问题可能迎刃而解，有些问题可能百思不得其解。

还记得我在做 HR 期间,发现我们的生产总监总是第一个到办公室,我就很好奇地问他:"你的动力是什么?"他说:"就是来解决问题!"

解决问题需要方法,需要工具,我想本书的价值也在于提供大量的模型、大量的思考问题的方法,让你在遇到问题时能够找到对策。

Chapter 07

职业管理"小帮手"：自我教练工具

走在路上，
你可能遭到风雨、遇到坎坷，
可能会迷失方向。
一套行之有效的工具，
帮助你到达你想去的远方。

工具1 目标五问

关于你的内心到底要什么,可以使用能帮助我们整理思路、理清目标的五问法则寻找答案。

自我教练流程:

当你不知道通向何方,或者你没有动力前行,需要搞清楚自己的目标时,那么请静下来,问自己五个问题:

(1)工作时,内心最想要的三个要素是什么?

(2)什么样的工作具备这样三个要素?

(3)目前差距(如知识、能力、经验、资源)在哪里?

(4)采取哪些行动才能达成目标?

(5)如何让行动计划落地?

〔Tips〕

> 三个要素,是你想起来就兴奋的,没有这些要素就不愿意做工作。
>
> 每个问题背后至少有三个及三个以上的方法。
>
> 如果你努力去找,找不到能落地的行动计划,也许这个目标就是虚无的,需要重新去审视它。

工具 2 闪光时刻

可以定期或不定期地回顾工作中的里程碑事件、成就事件。

每半年停一下，回过头看看走过的路，有哪些可圈可点的"故事"。这些"故事"是可以写在简历中，让自己闪闪发光的。注意：这个故事"我"是主角，而不是"我们"。

自我教练流程：

（1）给这个故事起一个名字（就像作文的题目）。

（2）闪光时刻四要素 STAR：

Situation：为什么要做这件事？当时的情境是什么？我的角色是什么？

Task（target）：我的任务是什么？目标是什么？我的挑战和困难是什么？

Action：我采取了哪些行动？

Result：对照 task（target）结果如何？

（3）在这个工作过程中，我的感受是什么？

（4）在这个故事中，我发现了自己什么样的能力？

〔Tips〕

> 这些故事不一定是惊天动地的大事，但却能给你留下深刻印象，或最让你引以为豪，同时对组织是有意义和价值的。
>
> 自我职业管理中，要挖掘内在的自我价值观、看到自己的能力、增强自我认知，并让自己更加有信心。
>
> 如果半年没有这样的故事，你就要警惕了，就要思考：为什么会这样？我应该做哪些改变？

工具3 快乐三问

快乐三问能够消减不快乐时间,将心态由消极转化为积极。

职业路上,总会与问题不期而遇:工作绩效不够好,老板不满意,同事难相处……当遇到问题时,抱怨只能让你变成"垃圾人"和"祥林嫂"。问自己三个问题,让心态由消极转为积极,由此变得快乐。

自我教练流程:

(1)哪些应该做的我没有做?做了哪些不该做的?

(2)这件事对我的启发是什么?

(3)接下来,怎么做可以让结果变得更好?

〔Tips〕

> 这三个问题貌似简单,其实,能将你从消极情绪中拉出来,不纠缠于问题本身,而是专注于解决问题。快乐三问是一种非常有效的自我反思、自我觉察的方法。

工具4 决策平衡单

用数据说话,客观理性评估,智慧选择。

在职业发展中,有时会面临多项选择,不知道何去何从,应该如何做出决定?

自我教练流程：

（1）工作中，我最看重的几个因素是什么？（建议 5 ~ 7 个）

（2）这几个因素所占的权重比分别是多少？

（3）如果用 0 ~ 10 分对每个因素评分，分别会打几分？

（4）按照得分高低，做出决定。

表 7-1　决策平衡单

考虑因素 （举例）	权重 （%，共 100%）	选项 1 满意度评分	选项 2 满意度评分	选项 3 满意度评分
1.				
2.				
3.				
4.				
5.				
总分 = 权重 × 满意度的和				

〔**Tips**〕

> 当总分差距很大时，选高分的更加安全；如果分值差不多，要看看两个选择差异最大的因素是哪个，这个因素对你来说是否非常重要，当分值相差不多时，选择高分值未必一定是对的，因为评分本身带有很强的主观性。
>
> 通过决策平衡单决策，绝不是算数学公式，只是让你更加理性、更加全面地思考问题。
>
> 没有最好的决定，只有相对合适的决定。

工具5　职业生涯曲线

此起彼伏的曲线，代表或是成功或是失败的经历，我们要做的是从曲线中寻找未来的自己。

职业道路上一路前行，有时候不知道自己收获了什么或失去了什么，最在意的是什么或最不喜欢的是什么。在坐标系中画出走过的痕迹，你会发现曾经的自己，同时也预见未来的自己（见图7-1）。

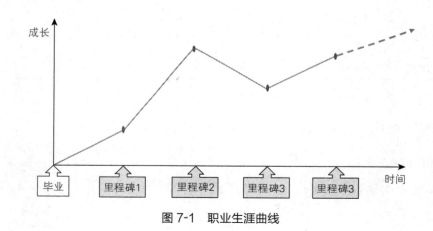

图7-1　职业生涯曲线

自我教练流程：

（1）在以往的工作中，有几个关键里程碑？

（2）在每一个里程碑上，我的成长是几分？（0~10分）

（3）在坐标中找到它们所在的位置，把它们连起来。

（4）看到这个曲线，静静地思考，有时成长得又快又高，有时又下行，为什么？

（5）需要做什么，才能持续成长，让曲线一路向上？

[Tips]

> 成长,是自己的心理感受,是内在的满意度,可以是职位晋升,可以是薪酬增加,可以是能力提升,也可以是获得他人的认可或尊重。
>
> 高速成长时,也可能是你非常艰难的时期,虽然艰难,你也一路走过来了!在过往经历中,往往能找到前行的力量!
>
> 当曲线下降时,需要警醒,问问自己:我内心的期待为什么没有得到满足?我该做些什么才能达到想要的结果?

工具 6　平衡轮

平衡轮是关于清晰现状的教练工具之一(见图 7-2)。

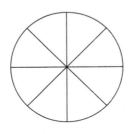

图 7-2　平衡轮

一个目标的实现需要多个因素的相互支撑,就如轮子转动,需要里面的辐条的支撑一样。平衡轮就如照相机,能照到自己内心的样子,清晰呈现出这些方面的状态。轮子转动,需要这些辐条长短一致,强度一致,同样,目标的实现需要每个方面的平衡发展。职业的路上,需要让自己思路清晰、头脑清醒。

自我教练流程:

(1)列出职业管理中你认为非常重要的几个因素(最好 6~8 个)。

（2）请结合目前现状，为每个领域打分（1～10分，10分为最满意）。

（3）画出弧线，涂上颜色。

（4）看到自己的轮子，有哪些启发？

（5）接下来要采取哪些行动？

〔**Tips**〕

> 职业迷茫，不知如何选择时，平衡轮能够清晰描述你的现状。
>
> 每3～6个月做一次，对比，并采取行动，使轮子越来越平衡。
>
> 平衡轮的应用很广泛，不仅是职业发展，也可以用于思考生命、幸福以及探索其他你所关注的领域。

工具7　生活方式象限图

你的职业选择会决定你的生活方式，你的生活方式选择也会影响你的职业。

一个星期7天，共168个小时，人的平均睡眠的时间大约是53个小时。这样我们总共能自由支配的时间是115个小时。其中的大部分时间，我们往往投入到了工作上。除了工作，你还会想到什么？兴趣爱好、家人朋友、老人孩子、自我成长？自己在生活领域的状态如何？期待如何调整现有生活方式？

自我教练流程：

（1）我目前的生活方式是什么样的？（按时间分配比例，画出区域）

（2）我期待的生活方式是什么样的？时间分配比例如何？（如三五年后）

（3）这需要具备哪些技能？我希望如何将这些技能运用到未来的工作中？

（对于有些人来讲，这比现在工作中使用的技能更重要）

（4）我想发展哪些兴趣？学习哪些方面的新知识？

（5）详细列出实现目标采取的行动计划。（在你实现一个具体的目标之前，你必须先学习某些技能、掌握必要的知识并积累一定的经验）

〔**Tips**〕

> 生活方式象限图适合期待改变现有生活方式、现有生活节奏的人，以及未雨绸缪，希望为未来做准备的人。

※ 结束语

上述这些教练工具，并非都是原创。一部分是在学习"全球职业生涯规划"和"职业生涯教练技术""教练的技术与艺术"课程中，体验到且感受非常深刻的；也有一部分是在做职业生涯咨询项目中，Right Management 的课程体系中涉及，并在我的课程中多次演绎、能为学员带来很大启发的。这些工具，在自我教练中会让我有豁然开朗的感觉；在学员的学习实践中，也会有系统思考、瞬间清晰的感觉。把这些实用的工具教给大家，是希望大家能在职业的自我管理中、在职业的旅途中能多一些"小帮手"。

Chapter 08

非常 7 + 1：
你一定要关注的

开放心态，
打开眼界，
敏锐捕捉生活信息。
启发思考，转化行动，
成就最好的自己。

100个字的个人简历

我经常收到客户发来的简历,五六页的大有人在。不妨先问一下,有多少位日理万机的面试官能有耐心细细读完。

"扫描式阅读"——8秒钟,你的简历命运就可能被决定了:是细读还是被抛弃。

简历管理,也是我们另一层面的"第一印象管理"。如何用"最相关"的文字表达我们与岗位的匹配度,是一份简历必须体现出来的。

> **案例**
>
> 在一次管理培训生的招聘会上,一份简洁的简历吸引了面试官的目光。
>
> 在第一页纸上,只见左侧有四个关键词,每个词的后面还有一幅生动的小图标。
>
> 右侧是个人信息关键词,页脚是个人的联系方式。 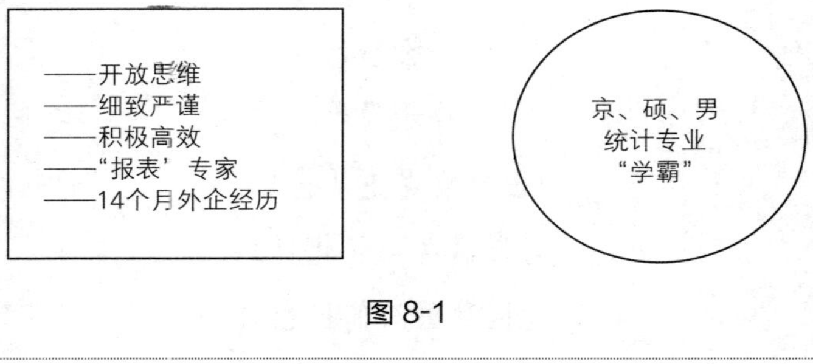
>
> ——开放思维
> ——细致严谨
> ——积极高效
> ——"报表"专家
> ——14个月外企经历
>
> 京、硕、男
> 统计专业
> "学霸"
>
> 图 8-1

毕业生招聘现场，人山人海，一只只手把简历丢下，堆成小山，有的简历便如石沉大海，没有了任何音讯。

而上面这种独特的表达方式，让该同学迅速在人海中脱颖而出。

问题思考：

（1）目标公司、目标岗位对人的核心胜任能力有什么要求？

（2）如果你应聘的公司让你写一份100个字以内的简历，你该如何表达自己？

（3）如何才能让别人一看你的简历，就如同看到一个活生生的人，一下看到你的优势、成就、贡献和荣誉？

（4）你如何选择关键词代表立体的你？如何真实地写出来并能吸引别人的眼球？（请参见第3章）

在不同行业或职业中游走的各路达人

职业上可能的转移路径，我们可以用下面的这几个模型清晰地表达（见图8-2）。

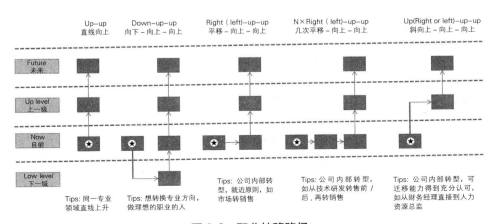

图 8-2　职业转移路径

下面的几个真实案例，可以帮助你更好地了解每个职业转型路线的可行性。

Up-up（直线向上）

在公司内的直线晋升

Ruby是硕士毕业后到某集团工作的。她是一个非常敬业负责的职业女性，头脑清晰，有强烈的目标导向和良好的沟通能力，这让她从人力资源助理快速成长为高级经理。后来，伴随着新的业务出现，集团成立新的独立运行的业务单位，因其卓越的业务能力，对集团内部人才结构、激励体系、薪酬体系的通盘精通，以及优秀的人际交往能力，她晋升为公司新业务单元的人力资源总监。

如果想在同一单位的同一职业方向上纵向成长，不妨问问自己：
我能创造的独特价值是什么？（专业能力）
我如何持续影响他人？（管理能力）

Down-up-up（向下—向上—向上）

行业、职业乾坤大挪移

咖啡馆里静谧而温馨。Linda，四十来岁，优雅、知性、温暖、美丽。她笑盈盈地坐在我对面，讲起她传奇般的职业经历。

> Linda师范毕业后到聋哑学校应聘当老师，那时她根本不会哑语，用了三个月时间她便学会了。三年后，她觉得自己应该进一步深造，于是回到大学，学习播音主持专业，这样可以用到当老师时锻炼出来的表达与呈现能力。毕业后，由于其良好的职业形象和突出的沟通能力，她顺理成章地进入顶级的媒体公司，从导播、编辑、记者到主持，一路顺风顺水。
>
> 当工作风生水起的时候，她觉得太累了，想着是不是可以换一种职业。她开始学习心理咨询，准备半年后，她通过了心理咨询师三级考试。于是，她开始寻找和心理咨询相关的工作。机缘巧合的是，她看到一个招聘茶艺培训师的广告，觉得自己有当老师的背景，又喜欢喝茶，不妨投简历试试。幸运的是，她竟然接到了茶艺培训师的面试通知，而且当时就被录用了，这让她惊讶不已。
>
> 没有任何茶艺经验的她，三个月后便上岗培训茶艺师了。在做茶艺师期间，她坚持学习心理学，从公益心理咨询师做起，几年后她成了专业心理咨询师。
>
> 今天，她不仅做一对一心理咨询，同时还发挥她的经验和能力，做心理咨询培训，并结合茶艺主持心理工作坊。
>
> 老师—主持人—茶艺师—心理咨询师，你看这是怎样的跨越呀？
>
> 我问她："当时你应聘茶艺培训师时没有任何经验，老板为什么敢聘用你？"
>
> Linda特别自信地说："老板直接告诉我说，你没有经验，但是我相信你的能力，经验不是问题！"

如果对当前的职业或行业不满意，不妨问问自己：

跨行业的同时跨职业，是否困难？需要具备的可迁移能力是什么？

为什么 Linda 能够经常在没有任何经验的情况下成功跳槽？用人单位到底看重了她什么？

Right (Left) -up-up（平移—向上—向上）

跨部门平行移动再成长

Jason 曾是一家制造业 500 强企业的薪酬经理和 HRBP。在这家公司工作六年后，Jason 跳槽到国内一家制造业企业，岗位是人力资源总监。Jason 具有非常好的业务感觉（人力资源与销售，虽然是不同职业，但是很多核心能力要求是非常相似的，比如沟通能力、影响能力、客户需求的理解能力、冲突处理能力等），当销售总监离职时，总经理委派 Jason 接替销售总监的职务。Jason 觉得担任业务负责人可以让他更深入地了解业务，对将来在 HR 领域或许有增值，于是欣然接受了这个职位。由于 Jason 出色的工作能力，两年后他被提升为公司副总经理，负责公司运营。

如果想在公司内部横向发展，不妨问问自己：
跨职能时，我需要具备哪些可以迁移的能力？
当接受了计划之外的机会或挑战时，我该如何做才能让结果变得更好？

Up (Right or Left) -Up-Up（斜向上—向上—向上）

斜线上升，继续上升

乔健是联想集团主管人力资源工作的高级副总裁，《财富》中文版发布的2012中国最具影响力的25位商界女性排名第八，2013年度中国最具影响力的商界女性。乔健在做人力资源副总裁之前，是负责品牌推广的助理总裁（这个岗位名称已经消失很多年了）。当年乔健就任人力资源副总裁时，我们坦诚交流的场景依然历历在目。她当时谦逊地说："在座的都是人力资源专家，而我是这个领域的新兵，之所以从品牌推广助理总裁升任人力副总裁，不是因为我个人有这个能力，而是公司对人力资源工作的重视。"

正因为乔健有品牌推广领域十年的管理经验，她更了解业务的需求，带领人力资源团队实现角色转变，从服务为主的运营支持角色，转换为从公司战略出发的业务伙伴，人力资源团队对业务的支持、促进作用越发显现。乔健本人也从副总裁升为全球高级副总裁。

Rose，是一家国企的财务经理，在这个财务岗位上工作了六年，见证了公司从小到大的过程，其业务能力随着公司的发展而不断提升。她和其他财务人员一样，仔细、谨慎、讲原则、令人信任。和很多财务人员不同的是，Rose亲和力很好，与各个部门的经理们建立了很好的关系，特别关注财务管理对业务的影响，无论是对公司的业务，还是对公司上上下下的人，Rose都非常熟悉。随着公司规模的扩大，人越来越多，人力资源管理越来越重要，总裁决定将人力资源工作从人事行政部中剥离出来，缺个总监，总裁把所有经理

> 和总监们在脑子里过了一遍，发现 Rose 最符合标准：公司内人际关系好，讲原则的同时依然能建立良好的关系，能站在业务角度思考问题，同时还有出色的沟通能力。虽然 Rose 对人力资源专业不熟悉，但其出色的学习能力，给总裁留下了深刻的印象。在与 Rose 沟通后，总裁将其从财务经理升为人力资源总监。三年后的今天，Rose 已经成为这家公司的人力资源副总裁。

斜线上升的模式，是跨职业转换的模式，通常来讲这种情形发生在同一公司内部的可能性比较大。实现斜线上升最重要的前提有两个：

第一，上级的充分信任。无论是乔健还是 Rose，上级对其各方面都 100% 信任，没有信任作为前提，这样转换的可能性是微乎其微的。

第二，其可迁移能力非常强。虽然乔健和 Rose 在拟转换的岗位上都是新手，但是过往经历中发展出的沟通协调能力、业务理解能力、系统思考能力，特别是学习能力，能帮助其快速跨界成长。

在我的咨询中，也出现过跨公司斜线上升的情况，但是存在一定的风险性，需要更加谨慎地应对。

案例

> Leon 是一家医药公司的销售经理，咨询的目标是希望我帮助其缓解工作压力。他来到这家医药公司之前是产品专员，主要负责产品的市场活动。应聘这家公司时，让他做销售工作，而且让他带领六个人的团队，工资比以前翻了一倍。跳槽后，才发现这个岗位非常难做，不仅业务上不熟悉，而且缺乏带团队的经验，每天在巨大的压力下工作，他非常后悔这样的跨界升职。

如果有跨公司的斜线上升机会，不妨问问自己：

（1）对方为什么要用我这样的人？

（2）这样的跨界，可能遇到什么挑战，我是否做好了准备？

N×Right (Left)-Up-Up（几次平移—向上—向上）

职业连连跳

Allen 在研发工程师岗位上工作了六年，随着年龄的增长，对自己的职业方向越来越清晰，他更想做销售工作，但是从研发转销售有很大的难度。Allen 发现，从售前支持转销售的可能性更大些，而自己的技术背景，转到售前支持更加容易。于是 Allen 通过朋友介绍，成功转到同行业的公司做售前支持工程师，因为其良好的技术能力，虽然转换了职业，薪酬没有下降反而得到了增长。在做售前工程师期间，Allen 跟着销售经理们拜访客户、制作技术标书、出现在投标现场，积累了丰富的客户沟通经验，得到销售经理们的一致认可。三年后，Allen 成功转到销售岗位。现在 Allen 已经成为一家知名企业的销售总监。

在职业转换中有一个观点，我非常认同：两点之间，直线最长。因为专业跨度太大，没有捷径！

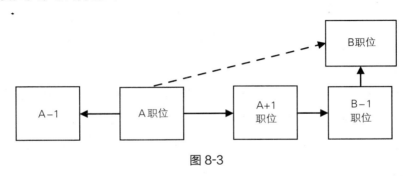

图 8-3

在职业连连跳中，最重要的原则是"就近原则"，搞清楚目前岗位的上下游，然后一步步接近目标。

谁决定天花板的高低

有一次和清华的学生交流，好几个学生都关心一个问题："听说外企有天花板，是这样的吗？"我问："你觉得国企有天花板吗？民营公司有天花板吗？"经这么一问，同学们明白了：哦，原来哪里都有天花板，只是高低问题。那么天花板的高低是由什么决定的呢？

天花板的高低通常由两个因素决定：第一，你的因素；第二，企业的因素。

你的因素，包括你的动机、能力和个性等，我们这里暂且称之为综合素质。你的综合素质好，天花板就高，反之就低。在同一企业中，有的人成长得就非常好，似乎天花板越来越高，甚至冲破它，为自己营造了更加广阔的空间；而对于综合素质不佳的人，即便企业为员工搭建了高高的天花板，那与你也没有什么关系了。

案例

Laura 大学毕业后加盟某著名跨国公司，今年是她在这个公司工作的第 20 年。她加盟公司时，公司刚刚进入中国，规模不大，业务还没有开展起来。虽然学的是化工专业，但那时生产线还没有建起来，Laura 的工作就是从打杂开始干起来的。所以她的工作就是日常的行政事务，每一次办公用品的采购她都会仔仔细细地货比三家，选择最合适的供应商；每一次会议组织，她都会对会议的通知、会议的日程安排、会议的记录一丝不苟，发出会议通知前，她会先发给自己，看有没有错别字，检查逻辑是否清晰，开会时总是第一个到达会议室……

兢兢业业地做了三年，认真尽职的态度、优秀的沟通能力、良好的人际关系，获得了上上下下的赞赏。公司规模迅速扩大，要成立人力资源部，她成为总经理最中意的人选。为了使自己得到全方位的提升，在人力资源部工作五年后，Laura 主动要求到销售部门工作。在人力资源部锻炼的沟通能力、资源协调能力帮到了她，Laura 带领员工取得了优秀的业绩。在一线摸爬滚打三年后，Laura 又回到人力资源部升任总监。业务部门的工作经历，让她更加了解业务的需求，更加理解人力资源工作的意义。在她的带领下，人力资源部的工作重心和角色发生了重大改变，从支持、服务者，转变成为业务部门的战略合作伙伴。随着公司规模的进一步扩大以及中国公司地位在全球的提升，五年后 Laura 被晋升为中国公司人力资源副总裁。在这期间，Laura 工作之余参加 MBA 课程、学习心理学、领导力教练技术，并取得多项国际认证，进一步丰富专业能力。因为"变化"，所以"成长"。虽然 20 多年只在一家企业工作，但因 Laura 不断地挑战自己，使自己始终保持着"fresh"的状态，因此成为市场上炙手可热的人才。

而同样在这家公司的财务部 Lynn 缺失相反。Lynn 今年 35 岁，九年前来到这家公司做前台报销岗位，从来没有变换过岗位和工作内容。良好的工作环境和薪酬福利待遇，让她特别踏实，自然没有想过变化。专科毕业后，没再进修过任何课程。朝九晚五的"踏实"状态，在公司裁员时被狠狠地打破。走进就业市场，面试中因为过往工作内容单一、工作动力不足，薪酬要求又比年轻人高，Lynn 屡试碰壁。

外企如此，民营公司也一样。

> **案例**
>
> 　　小吴此前在一家外企做经理，觉得外企天花板已经限制了他的成长，便来到一家民营公司任高级经理。加盟该民营公司时，老板就为他预留了部门总监的位置，希望经过一年的观察期，待条件成熟时就可以升职。然而，这一年中小吴始终没有表现出总监所必备的战略性思维能力和大局观。老板只好从外部引入了总监，小吴晋升总监的可能性化为泡影。

　　企业本身的因素也是不可忽略的。有些跨国公司，本地化程度很高，比如IBM、惠普等公司，高管团队中不乏中国人的身影；而有些跨国公司，总监以上的职位都预留给了国外的人，无论你怎么努力，都无法进入核心团队。在民营公司里也一样。有个公司，如果你不是和CEO一样毕业于某名校，就无法进入到核心层，这成了这家公司的潜规则。而国企的天花板貌似很高，仿佛爬一个梯子，每向上爬一步，都需要等前面的人留出位置，不然你就被堵在了前进的路上。

　　其实，真正的天花板是在你心里，只要你想成长，你总会想方设法越飞越高，没有谁能真正阻挡你，除了你自己。

四世同堂，快乐共成长

　　伴随着科技的发展和信息化程度的提升，网上、微信上、微博上关于探讨60后、70后、80后、90后的话题层出不穷，好像之前没有哪个年代对此如此关注。尤其是伴随着90后开始步入职场，社会上关于"延迟退休"的话题此起彼伏，这个话题也越来越被关注。

我们不得不承认，大的社会环境、时代背景，以及成长环境的差异带给每个人的影响，每个人自然而然也就刻上了时代的烙印。

来，做一下如表 8-1 所示的游戏。

第一步，你先用 5 分钟的时间回顾自己的成长过程，你有哪些发现？

第二步，调查一下和你生活年代不同的 3~5 人，你又有哪些发现？

表 8-1

最喜欢的歌/歌手	大学时的通信工具	大学时和他人的联系方式（如：约女朋友/同学）	儿时出行工具？
使用第一部手机时几岁？	儿时买冰棒多少钱一只？	儿时的玩具有哪些？	多大开始第一次网购？
最喜欢的演员	多大开始用微信？	最喜欢的电视剧	亚洲金融危机时，你几岁？
多大开始接触互联网？	印象最深的一部电影	看过黑白电视吗？	家用洗衣机是手动还是全自动？

在以往的课程培训中，学员通过这个游戏往往瞬间清晰地意识到：

（1）科技发展太快了，沟通方式、沟通媒介变化真大。

（2）不同年代生的人，成长的环境差异很大。

（3）不同年代生的人，爱好、兴趣、关注点、需求、价值观差异很大。

的确，科技发展迅猛，我们就是生活在这样一个复杂多变的时代，我们就是生活在年龄多元化的年代，这种现象在有一定历史的企业组织中越发突出。

在现实的大多数组织中，不同时代背景的人在一起共事、合作，有差异，也必然有共性，就如"曾经，我们也是大学毕业生""曾经，我们也年轻过"，不同时代的人也都共同的特征：

（1）都会经历生、老、病、死，结婚生子。

（2）都会经历上学、就业，渴望成功。

（3）都有被关注、被尊重的渴望。

（4）都会经历初入职场、在职场上打拼，之后在职场落幕。

（5）无论马斯洛需求层次的差异如何，五个层次的需求都是普遍存在的。

（6）都希望美好的事物出现，渴望更高的品质生活，追求幸福、向往自由。

（7）面临新科技的浪潮，去使用网络、微信等。

因为有差异，也有共性的需求，四世同堂的我们便会有共同的"享受"，我们每个身处其中的人也会因此受益：

（1）差异带来的多样化和信息的多元化，帮助我们拓展思维。

（2）看待问题更全面、更系统，解决问题的方式更人性。

（3）取长补短，年长的可以分享经验，年轻的可以分享高科技。

（4）年龄结构的差异，促进团队平衡。

管理环境也发生着巨大的变化。

曾经，年龄大的是主管，而年轻的工作者只能按要求执行而不得质疑，谁是掌控者非常明显，两个不同年代的人也非常清楚他们之间该如何相处。今天，你可能会发现一个36岁的首席执行官、一个60岁的首席财务官和一个26岁的网络营销总监在同一个屋檐下共事。——摘自保罗·麦尔《有效的个人生产力》

如何和谐共处，快乐成长？

我们都期待和谐、快乐的氛围，都渴望被尊重、被关注，都希望体现自己的价值。而只有彼此尊重理解、求同存异，才能和谐共生。

结合以往培训的案例，笔者分享两个具体的行动，可能会对大家有帮助。

加强沟通

提到沟通，大家便会想到换位思考、同理心等，但在沟通实践中最重要的是学会积极倾听，这里给大家分享一下 SOLER 模型，做到了，你的沟通效果就会越来越好！

五字诀 SOLER 模型是心理学家伊根（Egan）1998年提出的"专注倾听"

的方法：

S（squarely）——正面朝向对方（一起努力）

O（open）——采用开放的姿态（不防卫）

L（lean）——不时身体前倾（专注与用心）

E（eye）——保持目光接触（有兴趣了解）

R（relaxed）——尽量放松（表示对自己有信心）

充分授权

在一个充分授权、充满激励的工作氛围下，大家的积极性和干劲儿往往得到最大限度的发挥。无论是年长的给新生代授权，还是年轻的管理者给老同志授权，都要给予自主的空间，才能激发内在的动力。

授权是将权力、资源和责任释放给每一位团队成员，以促进团队成员最大化地承诺、投入并达成期望的结果。

授权有各种各样的形式，比如自主团队、征求意见、轮流主持会议、委任培训责任、弹性工作时间、交互培训以及其他能够鼓励参与的方式。

授权的核心是态度。在授权的过程中应注意：

（1）弹性。避免过度标准化，对于新生代的人更需如此。

（2）自信。自信能使你在授权时自由地和他人分享必要的信息和资源。

（3）聚焦结果。80%的成果来自你20%的工作。

（4）团队承诺，参与决策。

虽然组织在变化，环境有差异，资源各不同，但每个部门或每个公司都可以找到最适合自己的方式、方法，让"和谐之风"吹遍每一个角落。

树立你的个人职业品牌

美国管理学家汤姆·彼得斯指出：21世纪的生存法则，就是建立个人品牌。他进一步指出："21世纪的工作，已经从做一份工作、追求一个事业，转变到树立个人品牌。"

我们每个人都可以打造自己的个人品牌。"个人品牌"就是使你与众不同，留给他人特有的一种印象。你的个人品牌会不断增加你的可信度，人们会更加相信你，愿意与你打交道，也愿意与你合作。

你肯定会有自己非常喜欢的品牌，并深受该品牌影响，以至于你的思维、生活因此而改变，生活的关注点因此而改变。它们和你建立独特的情结。你因为记住它，喜欢它，爱上它，成为它的"铁粉"。比如以下耳熟能详的品牌或许是你的最爱：

Nike（耐克）：Just do it.（只管去做）

Adidas（阿迪达斯）：Impossible is nothing.（没有什么不可能）

3M公司：Innovation.（创新）

因为它独特的广告语，体现了它们独特的价值，触动人心。的确，一个成功的品牌会在大脑、身体及灵魂深处和你进行链接。

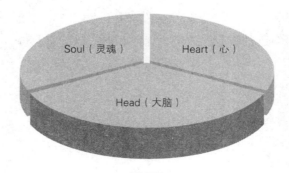

图 8-4

那么身在职场上,你希望怎样被别人记住呢?如何像大公司那样定义和传达你的个人品牌,帮助你在众多求职者中、职业生涯中脱颖而出呢?

你的个人品牌包括可以显示你独特之处的所有特点。品牌不等于外在形象,穿衣、着装、肢体语言这些相对来讲是比较容易训练的。品牌是经过岁月雕刻的,是恒久的、真实的。你的为人处世——是真实的你,是一遍又一遍在他人心目中建立起来的形象。

你的个人品牌是什么

其实我们每个人都已经拥有自己的品牌,它可能就在你的身上,只是你可能还没意识到它的存在,或许它还需要些调整,或者你期待未来的自己能够拥有。

关键是你希望树立的个人品牌是否就是人们看到的真实的你。这需要你去关注、观察以及发现自己独有的特质。

树立个人品牌也有一些技巧,一起跟我来体会。

如果用三个形容词形容自己,会是哪三个形容词?

可以参考的形容词[要符合可信度和可视化(credibility & visualization)]:

高贵的、安全的、自信的、美丽的、安静的、优雅的、传统的、时尚的、儒雅的、有朝气的、智慧的、高效的、包容的、有活力的、快乐的、执着的、创意的、绅士的、运动的、平和的、善良的、和善的、进取的、热情的、坦诚的、亲和的、坚持的、友好的……

Lynn Marks 的"个人品牌"课程培训,触动了我的大脑、神经,开始关注自身的品牌形象。作为自由职业者,我要以怎样的角色出现?如果用三个形容词形容自己,是什么?经过了三个月的自我探索和朋友的交流反馈,最后给自己的标签是"知性的、优雅的、坚韧的"。我希望在现在的生活和工作中,乃至以后的生活和工作中,向客户、朋友、家人传递这样的信息。

找到属于自己的"三个形容词",然后为之努力,树立一个持久的正面形象。以下是关于如何定义个人品牌的一些建议：

找出你已有的独特之处

你需要清楚自身的技能、经验和成就。这些就来自于你的背景、你的经验。你的经历会伴随你一生。以下的几个问题可以帮助你更好地发现自己的独特之处。（最好和别人一起探讨）

源自背景的可信度：

（1）简单列一下你的背景和培训经历。

（2）在你所关注的行业，你有哪些技能？

（3）你有哪些其他的技能帮助你去完成工作？

（4）目前你的不足是什么？怎样才能弥补？

源自经验的可信度：

（1）列举你曾服务过的客户或参与过的项目。

（2）由于你的服务，你的客户有哪些获益？列出类似的结果。

（3）你还记得你服务或参与过的客户、老板和同事曾给过你的评价吗？

（4）就你之前的工作，说说有哪些成就？获得了哪些技能？

你希望别人怎样记住你

你希望向别人传递什么？在以往的生活、工作和社交中，别人给你的评价是什么？你喜欢自己哪些地方？你的核心竞争力是什么？

未来的你是什么模样

在职场上，你一定接触过很多人，谁给你留下的印象最深？他（她）的身上有哪些特质？为什么对他们有这种感觉？虽然是个人品牌，其实你是在他人身上找到了自己影子或期待的自己。（请参见第5章第7节）

全方位打造个人品牌

你的个人品牌是从内到外的你。

你的个人品牌是全方位的，在与同事、客户、家庭成员、朋友、同学的交往中，都会得到体现，而且相互产生影响。

你的个人品牌一定会体现某些外在因素，例如你的言谈举止、穿衣打扮。但并不单纯指你的外表看上去有多么特别——一身很时尚的着装、一副很酷的眼镜、一双靓丽的鞋子……

打造个人品牌主要还得靠内涵，就如本书第5章"得体形象，助力职场"中提到的"腹有诗书气自华"，那些更为实在的、更为持久的、由内而外散发的能量，来自于你的视野、经验、专业知识和技能、独特的天赋以及你看待问题、分析问题和解决问题的方法。

实践你的个人品牌

建立起自己的个人品牌，明确了自己的定位，你就可以在所有专业场合中清晰持续地展示你的品牌，即实践你的个人品牌。

求职面试

简历是你个人的一张名片，面试过程是演绎你个人品牌的过程。

简历中，写哪些关键词来突出你的个人形象？面试中，你希望考官如何评价你？你需要强调自己哪些方面，才能将你与其他候选人区别开来？

工作场合

参与研讨会、主题沙龙、拜访客户。

你经常参加哪些活动？这些活动和你的个人品牌是什么关系？在这些活

动中，你可以学习到什么？你可以建立怎样的人际网络？拜访客户时，你如何成为"受欢迎"的客人？如何表达自己的专业能力和职场魅力？

社交场合

同学聚会、朋友聚会、网站视频中。

你经常出入哪些场合？你和哪些人接触，能帮助你获得灵感，激发你的想象力？哪些聚会能带给你"正能量"？成功学家戴尔·卡耐基说："一个人的成功，只有15%是由于他的专业技术，而85%则靠人际关系和他为人处世的能力。"社交过程，即建立个人关系网络的过程，创造有利于个人品牌拓展的空间，就会得到更多的支持和合作。

※结束语

清晰自己的品牌定位，品牌形象在所有的场合要保持一致，否则会给他人带来混乱的感觉。

职业生涯中，传达你的品牌是一个持续的过程。所以要与时俱进，不断增加新的技能，巩固个人品牌。

职业管理的过程就是不断建立、实践个人品牌的过程，也是管理个人可信度的过程。

附录

免费获取职业倾向评估

探索自我职业生涯发展并不是一个纯理论性的事情,也不是一个有固定答案的问题,它涉及对自我的兴趣、个性、能力及外部环境的综合分析和匹配。

因此,对自我个性和能力进行职业倾向评估(CPI),是一种更加有效地规划职业发展的重要方式,是进一步澄清自我特点、发现职业优势与短板的重要方式。建议您使用邀请码登陆下面的网站,测评个人的职业倾向,以获取关于您的独特性的报告。

测评网址:http://assessment.humansmart.cn/

邀请码:XXXXXXXX

邀请码获取:网上书店购买的请到该网店本书页面评论,地面书店购买的请到豆瓣网本书页面评论,并将截图发书友QQ群:82163862(可以扫下面的二维码申请加入)。

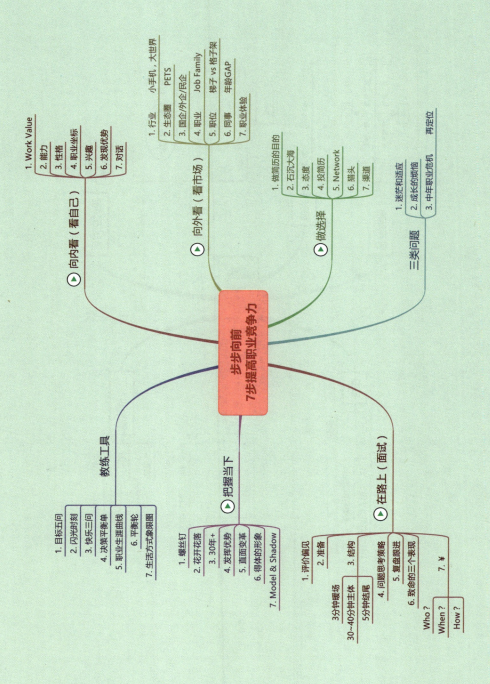

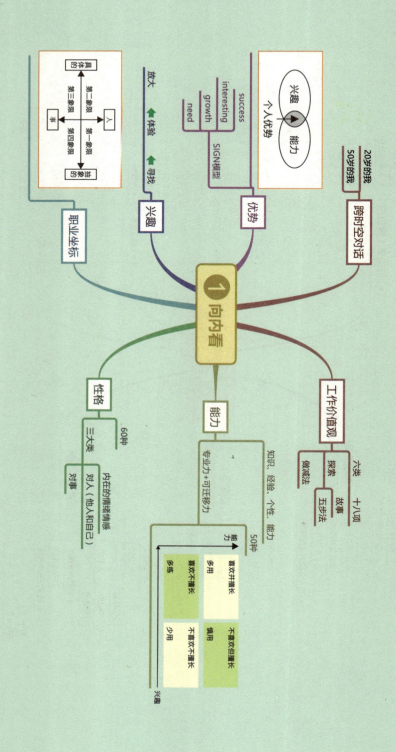

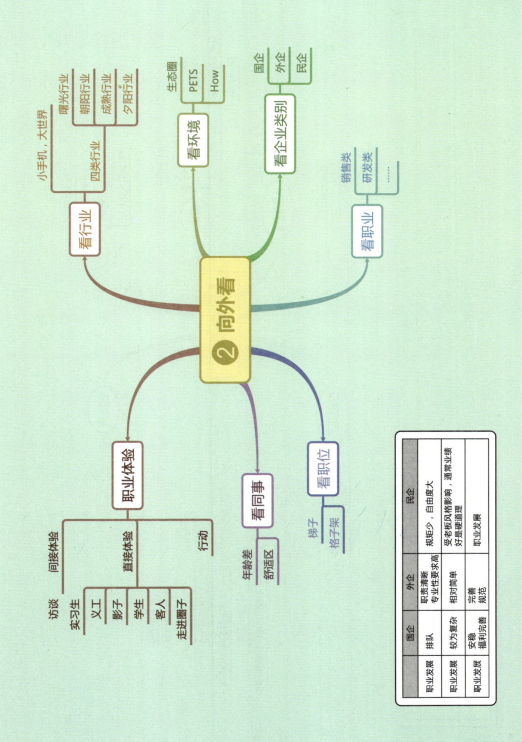

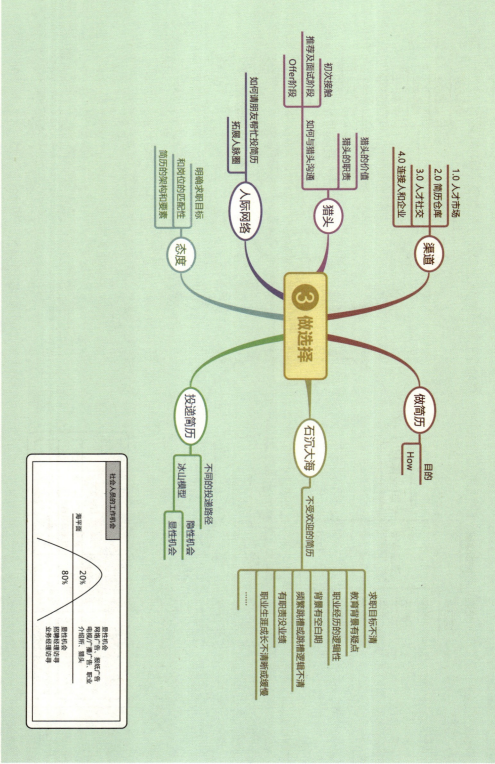

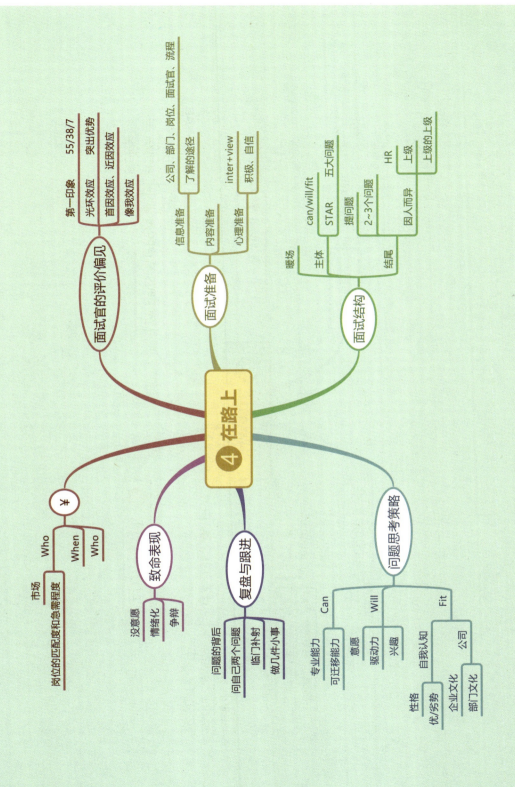

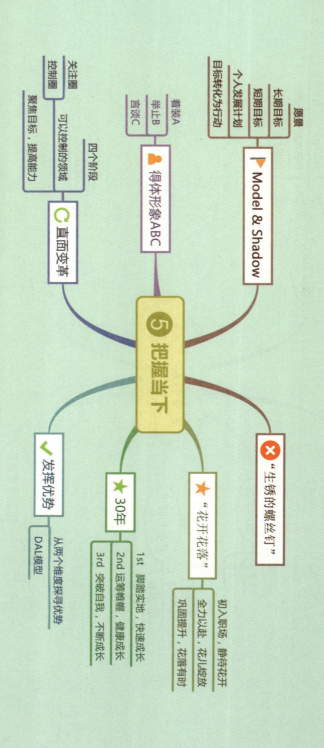

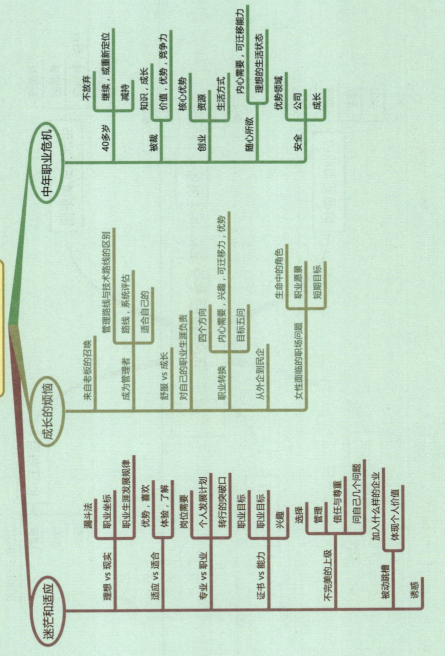

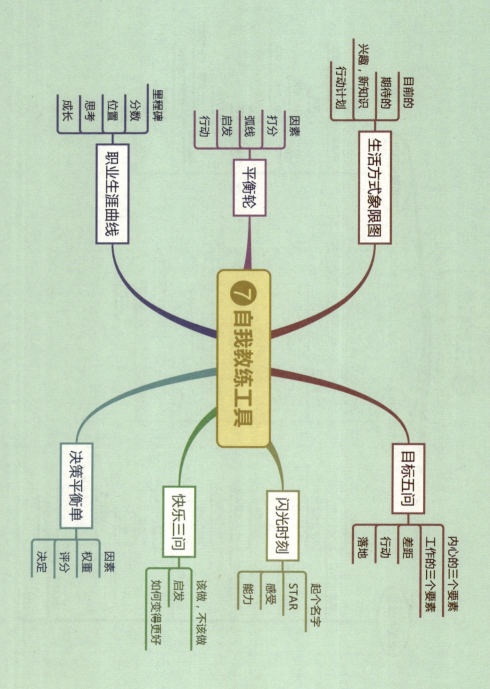